Marokko mit dem Motorrad

Eine Reise für Unerschrockene

Von Marbie Stoner

Buchbeschreibung:

Schon lange planten wir eine dreiwöchige Reise mit unseren Freunden durch den nördlichen Teil von Marokko, mit den eigenen Maschinen und somit einer weiten Anreise bis Barcelona, von da mit der Fähre nach Tanger. Der Zeitraum vom 25.05.2013 – 15.06.2013 war wegen der zu erwartenden Hitze in Marokko relativ günstig gewählt. Allerdings waren die verschiedenen Klimazonen eine Herausforderung:

Gebirge, Wüste und Küste machten eine umfangreiche und sorgfältige Planung der Bekleidung erforderlich.

Unser Reisebericht ist aus den verschiedenen Sichtweisen und Wahrnehmungen einer Frau und eines Mannes verfasst. Auch das unterschiedliche fahrerische Können spielt eine Rolle, ich bin schlechthin nicht so risikofreudig und suche nicht unbedingt Offroad-Pisten, sondern bevorzuge asphaltierte Straßenbeläge. Berichte von George oder von mir sind entsprechend gekennzeichnet.

Über die Autorin

Marbie Stoner ist Jahrgang 1958, Mutter von zwei erwachsenen Töchtern, schreibt unter Pseudonym. Sie absolvierte einen Kurs in "Die Kunst des Schreibens" an der Axel Anderson Akademie im Bereich "Belletristik" sowie zahlreiche Kurse in der Malerei.

Ihre Freizeit verbringt sie im Sommer auf dem Motorrad und im Winter vor der Staffelei.

Sie ist Mitglied bei dem einzigen bundesweiten eingetragenen Verein der motorradfahrenden Frauen http://www.wow-germany.de sowie in der KünstlerInitiative Karben e.V.

Die Leidenschaft, mit dem Motorrad fremde Länder, Menschen und Gebräuche kennen zu lernen, ließ sie ebenfalls das Genre von Reisegeschichten erobern.

Wer allerdings spektakuläre Globetrotter Berichte erwartet, wird enttäuscht.

Die Reiseberichte beschränken sich auf die Erfahrungen, die in einem dreiwöchigen Urlaub machbar sind. Begegnungen mit Einheimischen sind aufgrund sprachlicher Barrieren (z. B. in Bulgarien) leider nur begrenzt möglich, finden aber angemessen statt.

Vor allem Motorradfahrerinnen sollen die Berichte ermutigen, abseits der heimischen Gefilde diese Herausforderungen anzunehmen und zu versuchen. Die Erlebnisse sind es wert und jedem Fall eine sehr zu schätzende Selbsterfahrung!

Impressum

Marbie Stoner
Hauptstr. 6
61184 Karben
kontakt@margitta-bieker.de
http://www.margitta-bieker.de
http://marbieblog.wordpress.com
http://www.moriniwest.de
george@moriniwest.de

1. Auflage 2015
2. überarbeitete Fassung 2016
    ISBN: 9783740715540
   TWENTYSIX - Der Self Publishing Verlag
   Eine Kooperation der Verlagsgruppe Random House und BOD - Books on Demand

Herstellung und Verlag: BOD - Books on Demand, Norderstedt
Bildmaterialien: © Copyright by Marbie Stoner und Heinz Georg Schmittlein
Mitautor: Heinz Georg Schmittlein
Bibliografische Informationen der Deutschen Nationalbibliothek: Die Deutsche Nationalbibliothek verzeichnet diese Publikation in der Deutschen Nationalbibliografie, detaillierte bibliografische Daten sind im Internet über dnb.dnb.de abrufbar.

Route in der Übersicht.

Abb. 1 Start in Tanger gen Osten, gefahren im Uhrzeigersinn.

Einige Basisdaten der Tour: Motorradurlaub 2013 im nördlichen Marokko.

Mit dabei: Suzanna und Ruedi (Ducati Multistrada DS 1000), Marbie (BMW F 650 GS Einzylinder) und George (KTM Enduro 690).

Gefahrene Kilometer: 6.458, davon knapp 4000 in Marokko.

Spritpreis in Marokko: ca. 1 Euro der Liter Normalbenzin
Tankstellen: sehr gutes Netz, allerdings Kartenzahlung nur
an großen Tankstellen möglich, keine Selbstbedienung. Wir
haben stets bar bezahlt.

Unterkünfte: preiswert von 12,50 pro Person im
Doppelzimmer bis gehoben ab 25 Euro bis 40 Euro im
Hotel. Akzeptable Unterkünfte findet man mindesten in
kategorisierten Hotels mit 2 – 3 Sternen oder in Riads.
Alkohol: Bier und Wein gibt es nur in größeren Hotels. Oft
funktioniert der Schwarzmarkt, das wird aber teuer.
Rauschgiftangebote: Vorsicht! Besonders im Rifgebirge
wird sehr häufig auf der Straße Haschisch angeboten. Durch
Ignorieren oder Kopfschütteln lassen sich Verkäufer
meistens schnell vertreiben. Rauschgiftbesitz ist strafbar in
Marokko, strenge Kontrollen mit Hund bei der Ausreise im
Hafen.

Reiseführer: Sehr zu empfehlen ist der Reiseführer
"Marokko" aus dem Verlag Reise Knowhow. Sehr
umfassende Informationen zu Unterkünften, Geschichte
und Verhaltensregeln. Alternativ die Kurzführer von Marco
Polo.

Landkarten: Ebenfalls von *Reise Knowhow*, hohe
topografische Übereinstimmung mit den tatsächlichen
Gegebenheiten, die von *Freytag und Bernd* war deutlich
gröber.

Geldautomaten: Sind reichlich vorhanden, mit der Mastercard und der EC-Karte gibt es keine Probleme.

Straßen: überwiegend Asphaltdecke unterschiedlicher Qualität. Die Nationalstraßen sind in gutem Zustand. Abseits der Hauptstraßen finden sich oft noch nicht asphaltierte Straßen und Wege, hier kommt jeder auf seine Kosten. Eine Maschine mit größerem Vorderrad und langem Federweg ist dann von Vorteil. Enduro Fans kommen voll auf ihre Kosten, wenn sie sandgestrahlt werden möchten und das Land von einer anderen Seite kennen lernen wollen. **Diese Pisten sollte man nicht allein fahren!**

Schutzbrief: Unbedingt zu empfehlen! Bei der eigenen Versicherung nachfragen, ob Versicherung und Schutzbrief auch für Marokko gelten. Falls nicht, eine Erweiterung ist nicht teuer, je nach Versicherung sogar kostenfrei. Kasko und Schutzbrief ist aber auf jeden Fall hilfreich, um die komplizierten Zollangelegenheiten bei der Ausfuhr eines defekten Motorrads zu regeln bzw. zu erleichtern.

Das Motorrad muss auf jeden Fall wieder aus dem Land gebracht werden, ein Verkauf ist genehmigungspflichtig und wird so gut wie nie erteilt! Nach der grünen Versicherungskarte wurden wir nicht gefragt, sie sollte aber unbedingt mitgenommen werden. Achtung! Nicht alle Versicherer haben in der grünen Karte Marokko **"MAR"** aufgeführt, diese unbedingt nachtragen lassen! Oft wird empfohlen, den internationalen Führerschein mit zu führen – wir haben ihn nicht benötigt.

Sprache: Mit Englisch kommt man überall gut zurecht. Französisch ohnehin. Die Marokkaner sind sehr sprachbegabt, sie sprechen sehr oft auch Spanisch und Italienisch.

Teppichkauf: Lassen Sie es sein! Die Farben sind nicht fixiert und bei der ersten Wäsche ist nicht nur der Teppich versaut, die Waschmaschine auch. Halten Sie es wie in der Werbung und sagen Sie mit fester Stimme: **„Ich möchte diesen Teppich nicht kaufen!"**

Allgemeine Tipps:
WC-Papier ist keine Selbstverständlichkeit in Cafés und Bars oder in den Garküchen. Dort wird die *linke* Hand und Wasser aus einem Eimer benutzt.
In sehr einfachen Unterkünften wird auch kein WC-Papier zur Verfügung gestellt, also besser bevorraten.

Bekleidung: Es muss mit drastisch wechselnden Temperaturbereichen (8 – 45 Grad) gerechnet werden. Ich bin Fan von Wolle als Naturprodukt. Sämtliche Funktionswäsche hat ihren Sinn, aber eines kann sie nicht: Wärmen! Dafür schon nach ein paar Stunden unangenehm nach Mensch riechen. Getreu dem Motto: „Ein Schaf friert nicht!", empfehle ich als Unterwäsche Angorawolle, lange Unterhose und Unterhemd sowie Wollsocken. Diese nimmt ebenfalls keine Feuchtigkeit auf, wärmt effektiv und riecht selbst nach tagelangem Gebrauch nicht nach Schweiß. Sie muss abends nur gelüftet werden. Unbedingt ausprobieren!

Dem Händewaschen vor dem Essen wird große Bedeutung zugemessen. Man bekommt im Restaurant erst etwas zu essen, wenn man sich die Hände gereinigt hat. Eigene Seife ist vorteilhaft, da die Seifenstücke meistens durch viele „*linke*" Hände gehen und oft sehr unansehnlich sind.

Papiertaschentücher werden in großen Mengen benötigt, sofern man die Wüstenregion um den Erg Chebbi besucht. Die Hitze und die Staubbelastung stellen für unsere europäischen Nasen eine Überforderung dar. Mitunter bis zum Nasenbluten oder lästigen allergischen Niesattacken. Also auch damit bevorraten.

Die Einheimischen helfen sich, indem sie die Nase mit Wasser spülen und die Produkte ausschnäuzen. Das lindert Beschwerden wirkungsvoll.

Durchfall: Einen Tag mindestens einplanen, an dem man nicht so fit ist. Das liegt nicht unbedingt an den hygienischen Verhältnissen, sondern eher an der Hitze, der Klimaumstellung und am persönlichen Fitnesszustand. Die marokkanische Küche ist sehr abwechslungsreich, enthält kaum Knoblauch, aber sehr viel Kreuzkümmel. Wasser nur aus Trinkflaschen trinken, nicht das Leitungswasser.

Schiffstransfer: Wir würden die Rückreise nicht wieder vorher buchen. Bei unvorhergesehenen Ereignissen, z.B. technischer Defekt, Krankheit, etc. ist eine Umbuchung meist unverhältnismäßig teuer. Falls man die Rückreise nicht vorher gebucht hat, findet man als Motorradfahrer fast immer noch Platz! Die Verpflegung auf dem Schiff ist sehr teuer. Bei Fragen: Jederzeit unter meiner Emailadresse: **kontakt@margitta-bieker.de**.

Freitag, Start in Okarben am 24.05.2013 - von George.

Der Kilometerzähler der KTM zeigt exakt 42.180 km an. Nach den ganzen Problemen vorher – Benzinpumpe defekt - komme ich natürlich auch noch viel zu spät aus dem Büro los. Das Wetter ist durchwachsen. Mir bleibt heute nur die Anreise auf der Autobahn bis Selzach, wo die anderen auf mich warten. Gegen 19:15 komme ich los, so gegen 23.00 Uhr laufe ich dort ein. Da hat es die KTM richtig fliegen lassen, sie zieht sich aber auch über 10l auf 100 km rein. Wettermäßig hatte ich noch Glück, nur zwei richtige Regenschauer, aber kalt. Ich bin durch gefroren.

Samstag, 25.05.2013 Fahrt nach Séte - von Marbie

Um 09:30 Uhr starten wir bei 5 Grad und noch trockener Witterung Richtung Genf. Das Aufregendste an dieser Autobahnstrecke sind die Mautstellen (Péage), die sämtlich unbemannt mit Selbstbedienung von Ticket ziehen und Bezahlen gemeistert werden müssen. Einmal öffnet sich die Schranke nicht, und wir müssen in der Spur die Maschinen drehen.

Ruedi schiebt die Multi samt Sozia rückwärts. Die Ducati verbraucht so viel Sprit, dass er und Susanna die Maschine einmal durch die Mautstelle schieben müssen. Der Garmin kennt aber eine Tankstelle in der Nähe, ich fahre schon mal vor. Die Tankplanung lautet nun alle 200 km nachfüllen, um zu vermeiden, an ungünstiger Stelle mit Spritmangel liegen zu bleiben.

Das Wetter bleibt durchgehend kalt mit teilweise kräftigen Regenschauern, die Regenjacke lasse ich an und ziehe sie erst in Séte aus. Die Hotels sind alle gleich teuer, wir zahlen für die Übernachtung ohne Frühstück 101 Euro. Die Péage hat insgesamt an die 100 Euro gekostet. Auch in Séte ist es trotz Sonnenschein kalt, was vor allem an dem heftigen Wind liegt.

Samstag, 25.05.2013 Fahrt nach Séte, 680 km von George

Am Samstag starten wir dann bei immer noch kalten und feuchten Wetter- bedingungen. Wieder ist Autobahn angesagt. Es geht durch bis Séte in Südfrankreich. Wir wählen einen hohen Reiseschnitt, was natürlich prompt wieder mit hohem Verbrauch einhergeht. Irgendwo auf dem letzten Drittel der Strecke bleibt die Multi mit Spritmangel liegen. Glücklicherweise ca. 900 Meter von einer Tankstelle entfernt. In Séte an- gekommen, ist die Hotelsuche leicht anstrengend. Marbie hätte am liebsten das nächste Hotel genommen, unabhängig von Zustand und Preis. Wir suchen lieber was halbwegs Passendes. Das gelingt dann zum Glück recht schnell.

Sonntag, 26.05.2013 Fahrt nach Barcelona, 360 km von George

Sonntags geht es dann ohne Frühstück los. Dafür ist das Wetter jetzt gut, Sonne und etwa. 15° C am Morgen, das geht doch. Bis Narbonne folgen wir der Küstenstraße. Eine schöne Abwechslung zur bisherigen Autobahnbrennerei. Dann geht es aber wieder auf die Bahn. Schließlich läuft die Zeit. So geht es wieder zügig bis Barcelona.

So gegen 13:30 Uhr erreichen wir den Fährhafen. Wir können direkt einchecken. Die Motos werden vom Fährpersonal verzurrt. Wir beziehen die enge, stickige Kabine. Dann liegen ca. 36 Stunden Langeweile zwischen uns und Marokko.

Sonntag, 26.05.2013, Fahrt nach Barcelona, 360 km von Marbie.

Strahlende Sonne bei kaltem Wind, ich lasse die Wollhose unter der Motorradkluft an, aber komme mit einem Paar Socken aus.
Kurz vor Barcelona verliere ich meinen linken Spiegel, der kurz vorher schon so merkwürdig vibrierte, dann nur noch meinen linken Ärmel anzeigte und ….. futsch – fliegt er

daher. Das ist echt ungünstig, weil ich wohl keinen Ersatzspiegel für den Rest des Urlaubs bekommen werde.

Um 13:30 Uhr sind wir dann in Barcelona. In Barcelona ohne linken Spiegel ist für meinen Kopf echt Gymnastik, so oft habe ich mich noch nie umgedreht. Ich versuche, dicht an Georg dran zu bleiben, aber dieser Riesenkreisverkehr beim Hafen in der innersten Spur ist schon eine Herausforderung an den Wechsel nach rechts. Georg paddelt sich durch die Lücken der Wagen durch, ich folge ihm und biege leider eine Straße zu früh nach rechts ab. Rückwärts schieben kann ich nicht, drehen ist gefährlich, weil dauernd Autos kommen. Ruedi zeigt mir mit dem Finger eine Absenkung, die auf einen Platz nur für Fußgänger führt.

So what, **also fahre ich da rauf** und ordne mich wieder bei Georg ein. Was für ein Stress, ich hasse Großstädte. Die richtige Anlegestelle nach Tanger finden wir sofort und werden durchgewunken. Wir stellen uns auf die bescheiden kleine Motorradspur. Da stehen nur 6 Maschinen außer unseren drei.

Der Schalter für den Check-in ist etwas weiter weg, um halb drei müssen wir wieder bei den Maschinen sein. Mit Kaffee und Essen schaffen wir es so gerade, pünktlich da zu sein. Die Möbeltransporte auf den Autos sind beeindruckend, einer hat auf dem Dach sogar Stühle gestapelt, die bei uns im Sperrmüll landen müssten.

Die Kabine, die zum Glück mit Aufzug erreichbar ist, hat eine Größe von 9 qm inkl. Nasszelle und für 4 Personen gleichzeitig mit Gepäck ist hier kein Platz. Ruedi flüchtet an Deck, wir versuchen, alles so unterzubringen, dass die Tür sich noch öffnen lässt. Die oberen Betten müssen mittels Imbusschlüssel herunter gelassen werden. Das nächste Mal nehmen wir zwei Kabinen, darauf kommt es dann auch nicht mehr an.

Nun heißt es, die Zeit gut herum zubringen, bis wir wieder anlegen, geplant ist die Ankunft nach jetzigem Stand um 16:00 Uhr. Auf dem Schiff deklarieren wir bei der improvisierten Zollstelle in der Schiffsdisco die Motorräder, mit dem Wörterbuch „Französisch für den Hausgebrauch" erhalten wir schließlich die Stempel in die Pässe.

Die Nacht war nicht so schlimm wie befürchtet, trotz der Luft zum Schneiden, vier Personen auf so engem Raum. Das Aufstehen bedarf sorgfältiger Planung: Wer zuerst und danach sofort die Kabine verlassen.

Montag, 27.05.2013, Schiffspassage nach Tanger - von Marbie

Das Wetter ist morgens noch bewölkt, aber gegen Mittag kommt die Sonne und wir können die Uhren eine Stunde zurück stellen. Nach mancherlei Spekulation über eine Sommerzeit in Marokko, fragt Susanna nach unserer tatsächlichen Ankunftszeit: 17:30 Uhr ortsübliche Zeit. Also doch mal länger, als vorher geplant. Da wird nicht mehr viel Zeit zum Fahren bleiben, raus aus Tanger und Richtung Tetouan nach Osten. Wir wollen zunächst an der Nordküste entlang fahren, um das Meer zu genießen.

Wir legen jedoch noch viel später an als geplant. Die Fähre fährt ein bis zwei Vollkreise vor der Hafeneinfahrt, weil keine Genehmigung für die Einfahrt erteilt wird. In ziemlich dicker Luft stehen dicht gedrängt die Menschen vor den Aufzügen, quengelige Kleinkinder mit ihren genervten Müttern sorgen für eine vielfältige Geräuschkulisse. Als es dann endlich losgeht, sind wir in den Motorradklamotten nass geschwitzt und *not amused*. Das Spektakel, was nun im Parkdeck losgeht, habe ich noch nie auf einer Fähre erlebt:

Gehupe, knappe Drehmanöver mit riesigen überladenen Kombis, die meiner BMW gefährlich nahe kommen. Zweimal muss ich meine Maschine hin und herschieben, beim Umdrehen sehe ich, wie eine Aprilia 1200 Caponord vollbepackt auf der Seite liegt und Georg schon beim Aufheben hilft. Das Ding bewegt sich so gut wie gar nicht. Ich packe auch noch mit an. Der Fahrer schäumt. Endlich fahren wir vom Schiff runter, um gleich wieder angehalten zu werden: Passkontrolle.

Ich denke schon, das ging jetzt aber schnell (!??), da kommt 500 Meter weiter der nächste Stopp. Passkontrolle und Überprüfung des Zollscheins für das Motorrad. Dafür laufen wir noch ca. 500 m zum Terminal, quetschen uns an der Schranke vorbei zur Policia, die mich *zweimal* fragt, ob ich ein eigenes Motorrad habe?! *Si, si, due Bikes.*

Die Passnummern werden in den Computer getippt, wir quetschen uns wieder durch die Schranke - dann am Geldautomaten die Karte reingeschoben. Georgs Karte wird nicht akzeptiert, er geht Geld tauschen.

500 m Fußweg wieder zurück zu den Motos, dann nochmals zu einem anderen Schalter, um die Zollpapiere abstempeln zu lassen.

„*Don't loose it!*", kommt noch der Warnhinweis des Zollbeamten.

Endlich starten wir durch Richtung Tanger, ein kurzes Stück Autobahn, nächste Abfahrt wieder raus, Hotel suchen, es ist schon 19:30 Uhr. Der Garmin von Georg startet nicht, er bleibt dunkel. Also der Nase nach. Nach einem Drehmanöver finden wir fast sofort ein Hotel mit toller Begrüßung: „*Hello, welcome! We have it all!*" Das Zimmer mit Blick aufs Mittelmeer in hervorragender Kulisse, erinnert fast an ein Picasso Bild. Super! Ich bin so begeistert! Und das für zwölf Euro pro Person.

Der Kühlschrank vor den Zimmern wird gerade fachmännisch geschweißt oder gelötet, es stinkt ein bisschen verbrannt. Klopapier muss man extra buchen, der freundliche Wirt reicht uns Servietten, Bettwäsche gibt es auch nicht. Gut, dass ich meinen Hüttenschlafsack eingepackt hatte. Dann im Restaurant. **Der Spruch: „ We have it all!"**, erweist sich bei der Bestellung bei fast allen Gerichten als: „*Sorry. We don't have it anymore!*"
Was aber kein Problem ist. Das Essen ist hervorragend. Alkohol gibt es in diesem Restaurant nicht, wir bleiben bei Wasser, Saft und Pfefferminztee und trinken auf dem Zimmer unseren mitgebrachten Wein.

Abb. 2 Abpacken am Hotel. „We have it all"

Montag, 27.05.2013, Schiffspassage nach Tanger - von George

Wir liegen bis etwa 09:00 Uhr in unserer Kabine, dann wieder rumhängen auf der Fähre. Bis wir in Tanger ankommen, hat die Fähre reichlich Verspätung. Trotzdem werden bereits gegen 15:00 Uhr die Kabinen geräumt. So hängen wir, wie natürlich auch alle anderen, mit unserem Gepäck über drei Stunden auf dem Kabinenflur rum. Als es endlich runter von der Fähre geht, wird es turbulent. Die Autos und Kleinlaster drehen mitten in der Fähre, jeder möchte zuerst raus. Marbies „Wespe" wird mindestens zweimal fast von einem Lkw zermalmt, nur mit lautstarkem Einsatz und Hämmern gegen Autoblech kann die BMW gerettet werden.

Ein Apriliafahrer ist so genervt, dass er seine nagelneue Caponord beim Versuch zu wenden gleich ablegt. Zu dritt hieven wir das schwere Teil wieder in die Senkrechte. Da es mittlerweile richtig warm ist, fließt der Schweiß in Strömen.

Wir drei kommen zwar gut von der Fähre, nur um wenige Meter später vor dem Zoll wieder zum Stehen zu kommen. Den Reisepass einem Beamten vorzeigen, abnicken, weiter zur „Policia", die etwa einen fußläufigen Kilometer weiter ist. Dort wieder den richtigen Beamten finden, Reisepass vorzeigen, er tippt die Daten in einen PC. Zurück zum Moto, Reisepässe vorzeigen, dann zum Zoll, Reisepass und Einfuhrdeklaration vorzeigen, endlich gibt es auch ein paar Stempel und wir können ausreisen. Keiner weiß, wie es funktioniert, aber das System scheint zu klappen.

Zwischendurch versorgen wir uns noch mit Dirham, Automaten und Wechselstuben gibt es hier genügend. Leider funktioniert meine EC – Karte allerdings an diesem Automaten nicht. Hoffentlich ändert sich das noch. Mittlerweile ist es fast 19:30 Uhr, wir fahren los, eigentlich wollen wir noch ein Stück in Richtung *Tétouan*. Jetzt, wo wir es wirklich brauchen könnten, versagt mein Garmin. Der Bildschirm bleibt einfach dunkel. Also übernimmt Ruedi die Spitze, Marbie in der Mitte und ich mache den Schluss. So zwängen wir uns durch doch teilweise heftigen Verkehr.

Suzanna beschließt kurzerhand, dass es bis *Kar es Seghir* reicht. Hier finden wir ein preiswertes und gutes Hotel mit Restaurant und tollem Blick aufs Meer. Ein gutes Abendessen, allerdings ohne Wein oder Bier, beschließt den Tag.

Der erste Blick auf die Meerenge von Gibraltar nach der Ankunft in Tanger Hafen aus unserem Zimmer im Gästehaus. Einfach unglaublich – alle Strapazen der weiten Anreise sind vergessen.

Abb. 3 Blick aus unserem Hotelzimmer

Dienstag, 28.05.2013, nach Tetouan - von Marbie

Wir starten nach einer überschwänglichen Verabschiedung durch unseren Wirt Richtung Tetouan. Unsere Routenplanung geht über die Küstenstraße nach *Al Hoceima*, allerdings nur bis *El Jebha* Richtung, dann weiter nach *Targuist*. Die Sonne scheint, es ist richtig warm.

Das Garmin funktioniert immer noch nicht, also fahren wir nach Karte. Es geht über eine kleine, mit großen Löchern und Schotterstücken versehene Straße über „*Souk-Khemis des Anjra*" nach *Tétouan*. Die Straße führt durch eine herrlich grün-bunte Wiesenlandschaft vorbei an kleinen Dörfern. Überall laufen Ziegen, Esel, Kühe herum, es riecht nach Kräutern.

Die große Stadt *Tétouan* meistern wir erstaunlich gut. Dann geht es auf die Küstenstraße (N 16) über eine kurvenreiche, gut ausgebaute Straße über *Qued-Lou*, *Tarha* und *Bou Hamed* bis *El Jebha*. Die Landschaft verändert sich hier deutlich. Jetzt überwiegen Rottöne und natürlich geht es immer am Meer lang, bergauf und bergab.

In *El Jebha* machen wir eine ausgedehnte Mittagspause in einem Straßencafé mit Garküche und Räuchergarantie durch qualmende Grills. Ich esse das erste Mal *Tajin,* das sind Kartoffeln, Tomaten, Hammelfleisch und Oliven aus dem marokkanischen Römertopf. Sehr sättigend und geschmackvoll. An den Schmutz ringsherum und dem Müll an jeder Ecke muss ich mich noch gewöhnen.

Auch die Fleischangebote in Form von ganzen Ziegen, die an Fleischerhaken ungekühlt in der Gegend herumhängen sind für meine Augen eine Herausforderung an die gewohnten hygienischen Vorschriften in Deutschland. Nach der Mittagspause geht es genauso kurvenreich immer bergauf ins Rifgebirge.

Bis *Beni-Boutrath* auf einer immer noch gut ausgebauten breiten Straße. In *Beni-Boutrath* biegen wir ab und fahren eine Single Road, nicht mehr ganz so kurvenreich, aber immer höher ins Gebirge, zunächst Richtung *Targuist* und weiter über die jetzt wieder gut ausgebaute N2 bis nach *Ketama*.
Den Ort hatte uns der Tankwart in *Beni-Boutrath* empfohlen. Nachdem es unten an der Küste richtig warm war, wird es jetzt richtig kühl. Schroffe Berge und tiefe Täler bestimmen das Bild. An der Straße versuchen immer wieder einige Kiff – Verkäufer auf ihre „Produkte" aufmerksam zu machen. In *Ketama*, 1200 Meter hoch gelegen, nehmen wir das beste Hotel am Ort (Hotel Tidghine), welches nach dem zweithöchsten Berg in Marokko benannt ist.

Dann schlendern wir noch etwas durch das Städtchen. Staubige, belebte Straßen, jede Menge Garküchen und alle paar Meter wird man angesprochen – meist in der Absicht, uns Hasch zu verkaufen. Die Anmache ist wirklich unangenehm.

Der Gestank von angebotenem Fisch mit Geruch der frisch auf dem Ochsenkarren transportierten Ware aus Lutetia verursacht bei mir Übelkeit und lässt jeden Appetit vergehen. Die anderen essen halb verkohlten Mais vom Grill neben Einheimischen, die genüsslich Schnecken ausschlürfen.

Gegen die Kälte hilft ein wenig der angezündete Müll, der überall herum liegt. Wir flüchten ins Hotel und trinken dort noch einige Biere aus 200 ml Flaschen.

Das Zimmer ist so kalt wie eine Gruft, die Heizung ist nicht angestellt und so gehe ich in Medima Vollmontur ins Bett.

Abb. 4 Ketamar: Garküchen in der Stadt

Mittwoch, 29.05.2013. Einstieg in den mittleren Atlas - von George.

Na, da haben die Marokkaner uns doch auf den Leim geführt. Der *Tidghine* ist mit 2448 Metern nicht der zweithöchste Berg Marokkos, aber immerhin der höchste Berg im Rif – Gebirge. Das reicht in Marokko gerade einmal für den 16. Platz unter den höchsten Bergen. Wir frühstücken in Ruhe und fahren dann bei leichtem Nieselregen und recht kalten Temperaturen los. Kurvenreich zieht sich die Straße das Rifgebirge hoch. Grün und waldreich die Berghänge, leider oft von Nebel verhangen. Die nasse Straße und die schlechte Sicht beanspruchen unsere volle Aufmerksamkeit. Doch nachdem wir die Passhöhe überschritten haben, wird das Wetter zunehmend besser.

Regen und Nebel lösen sich langsam auf, die Temperatur steigt in den „Wohlfühlbereich". Jetzt können wir auch die kurvenreiche Strecke genießen. Wir fahren über *Taounate* bis *Tissa* auf der N8. In *Tissa* biegen wir ab und fahren auf kleinen Sträßchen weiter Richtung *Taza*. *Tissa* selbst nötigt vor allem Marbie die volle Aufmerksamkeit ab. Es findet nämlich ein wirklich gut besuchter Markt statt und wir wühlen uns mit unseren Motos durch diese lebendige Mischung aus Verkaufsständen, Besuchern, LKWs, Mulis, Radfahrern und was hier sonst noch unterwegs ist.

Grandios, aber bei jetzt wolkenlosem, blauen Himmel und entsprechender Temperatur auch anstrengend. Dann geht es über kleine und kleinste Straßen kurvenreich durch eine hügelige, landwirtschaftlich genutzte Landschaft. Wobei Landwirtschaft hier überwiegend Handarbeit bedeutet.

Auf den Feldern schneidet man das Getreide noch mühsam mit Sicheln, die Ernte wird dann überwiegend von Frauen in großen Bündeln auf dem Rücken nachhause getragen. Irgendwann nehmen wir eine falsche Abzweigung, die leider nicht auf der Karte vermerkt war und kommen deutlich früher auf die N8, der wir bis *Taza* folgen. Kurz vor *Taza* genehmigen wir uns noch ein ausgiebiges Mittagessen in einem Straßenrestaurant – gut und günstig!

Wir steigen ein in den Mittleren Atlas. Kurvenreich schlängelt sich die Straße bergauf durch einen schönen Nationalpark. Die Straße ist nahezu leer, so dass wir unbelästigt von anderen Verkehrsteilnehmern diese

Abb. 5 Tissa, grasender Esel

herrliche Auffahrt durch den lichten Bergwald genießen können.

Es geht stetig bergauf, bald weicht der Wald, Wiesen und Felsen bestimmen das Bild. Die Straße ist eng, kurvenreich und löchrig, oft fehlt der Asphalt und es geht über kleinere Schotterpassagen. Die Aussicht ist einfach klasse. Felsen, Wiesen, Weite, ab und zu ein paar Schaf- oder Ziegenhirten und vor uns schneebedeckte Berge.

So geht es über zwei Pässe (1800 und 2400 Meter hoch) durch eine jetzt hochalpine einsame Gegend. Die Gipfel sind hier bis über 3000 Meter hoch, Dörfer gibt es in dieser Gegend nicht mehr, dafür ab und zu einige Nomadenzelte oder abseits der Straße gelegene einsame Höfe.

Ich schnalle auf Vorschlag von Ruedi Marbies Gepäckrolle auf meine KTM, weil ihre 50 PS im Vergleich mit den anderen Maschinen Schwerarbeit beim Schalten und Gas geben bedeutet, in jeder Kurve rutscht ihr Hinterrad beim Runterschalten. Wahrscheinlich stellt sie sich pausenlos die Frage: *„Warum tue ich mir das eigentlich an?"*

Zwar weisen die Kilometersteine am Straßenrand *Boulemane* aus, die Straße, der wir folgen, führt aber nicht dahin. Mittlerweile setzt die Dämmerung ein, es wird dunkel und wir haben nicht mehr so die richtige Ahnung, wo genau wir sind.

Da es aber keine Alternative gibt, rollen wir weiter. Jetzt, im Dunkeln, auf diesem Bergsträßchen ohne Seitenlinien oder Ähnliches, wird es aber etwas anstrengender. Wir meistern die nächsten gut 65 Kilometer aber trotzdem einigermaßen gut, dann hat uns die Zivilisation wieder. Es fehlen zwar immer noch etwa 25 Kilometer bis nach *Sefrou*, die fallen aber jetzt durch Dörfer, beleuchtete und breitere Straßen deutlich leichter.

In *Sefrou* findet Marbie dank eines freundlichen Rollerfahrers schnell ein Hotel. Es ist mittlerweile 23:00 Uhr. Wir sind ganz schön geschafft. Glücklicherweise gibt es auch noch zwei bis drei „Schlummerbiere", dann geht es endlich ins Bett.

120 km Gebirgsstraßen im Schneckentempo sind ein Wort, oder?

Mittwoch, 29.05.2013. Auch der grauenhafteste Tag geht mal zu Ende - von Marbie.

Das Wetter könnte besser sein. Neblig, feuchte Straßen, vielleicht gefühlte fünf Grad. Nachdem ich die ganze Nacht in dem ungeheizten Hotel schon frieren musste, wird meine Laune nach dem miserablen Kaffee zum Frühstück nicht besser. Nach der Mittagspause bin ich so müde, dass ich am liebsten im Stuhl ein Nickerchen halten möchte.

Abb. 6 Vor der Garküche

Was auf unseren Tellern übrig bleibt, findet Abnehmer: Bettelnde Menschen, die fragen, ob sie die Knochen haben dürfen.

Noch bin ich der festen Überzeugung, dass wir Boulemane schnell erreichen werden. Und ich freue mich auf die Berge.

Nach einer Stunde muss ich runter von der Maschine und lege mich an den Straßenrand, um einen 30 Minuten Erholungsschlaf zu halten. Für diese Begabung werde ich oft beneidet. Meistens hilft der Kurzschlaf, ich bin wieder konzentriert. Dieses Mal nicht, ich habe furchtbare Kopfschmerzen und ziehe nur mit Widerwillen den Helm auf.

Noch immer denke ich: Wir sind ja bald da! Die Kilometerangaben auf den Randsteinen (Schilder gibt es hier nicht) werden immer kürzer, aber die Gegend wirkt nicht sehr belebt und sieht schon gar nicht nach einer Stadt aus. Die Frauen leisten Schwerarbeit, beladen mit Kiepen wandern sie durch die unwegsame Gegend, zwischen Ziegen und Schafen sehe ich auch Kinder, die die Tiere hüten. Als Behausung dienen große Zelte. Ein schneidend heftiger Wind weht hier oben und es ist saukalt. Dafür ist die Fernsicht einfach unbeschreiblich. So was habe ich in den Alpen noch nie erlebt.

Dann hören die Kilometersteine auf und wir wissen überhaupt nicht mehr, wo wir sind. Beide Karten (von *Freytag & Bernd und „Reise know how")* sind nicht sehr aufschlussreich, auch nach dem 20. Mal Anschauen nicht. Vom Garmin wollen wir mal gar nichts sagen. Der ist seit der Ankunft in Tanger dunkel. Der Tag neigt sich und es dämmert. Ich hasse es, im Dunkeln zu fahren, erst recht auf

Serpentinenstraßen im Gebirge rauf und runter. Der Einzylinder ist nicht sehr dynamisch, ich kann mich irgendwie für keinen Gang entscheiden und ich ruckele mich so durch und schaffe es, auf der Straße zu bleiben. Links geht es steil runter, Leitplanken gibt es nicht.

Als Georg mir die Gepäckrolle abnimmt, kann ich die Fuhre etwas besser kontrollieren. Es ist schon so weit, dass ich mir ein Zelt wünsche, wir haben aber keines dabei. Vielleicht können wir ja bei den Nomaden übernachten? Aber davon will keiner was wissen. Gut, dass wir schon gegessen haben und noch genügend Trinkwasser im Tankrucksack besitzen.

Abb. 7 Blick über das Rifgebirge

„Wir haben den Abzweig verpasst!" Susanna ist der Ansicht, dass wir vor zwei Stunden hätten links abbiegen müssen. Ganz davon abgesehen, dass die Diskussion im wahrsten Sinne nicht zielführend ist und nicht wirklich weiter hilft, streiten Ruedi und Susanna über die Richtung.

Wir hatten den ganzen Nachmittag die Sonne an der rechten Schulter, fuhren also gen Süden.
„Was hätte denn ein Abzweig nach links, also nach Osten genützt?", frage ich. „Süden ist richtig, also weiter auf dieser einzigen Straße! Es wird bald dunkel und wir haben kein Zelt dabei."
Hoffentlich endet sie nicht abrupt. Fantasien von Erdrutschen, Sackgassen, unüberwindliche Geröllhaufen wandern mir durch das Gehirn. Wie ein Mantra spreche ich mir immer vor, dass es gut ist, wie es ist. Es könnte regnen, wir hätten zur Dunkelheit noch Nebel oder Schnee, es könnte noch kälter sein.
Das Fernlicht an der BMW leuchtet den anderen die Serpentinen aus. Georg fährt vor. „Rehlein, sieh' zu, dass du auf der Straße bleibst!", fleht Georg mich an.
Super Licht hat die BMW! Und es sollte gezwungenermaßen noch besser werden, aber davon später.

Irgendwann sehe ich eine größere Ansammlung von Lichtern, die Straße wird breiter und weniger kurvig. Eine Stadt! Menschen! Wir sind gerettet.
Betten für uns alle, vielleicht auch ein Bierchen??
Diese Stadt erweist sich zwar nicht als die Richtige, aber sehr weit müssen wir nicht mehr fahren. In der City von *Sefrou* hält ein Rollerfahrer neben mir.

„L'hotel?!", schreie ich ihm zu.** Er nickt, wendet mit der Zwiebacksäge quasi auf dem Absatz und deutet mit dem behelmten Haupte in die entgegengesetzte Richtung. Ich hupe und drehe auch. Die anderen folgen, wir werden tatsächlich zu einem Hotel geführt, dass noch offen hat, dass Bier anbietet und auch keine Heizung besitzt. **Der Rollerfahrer bekommt ein fürstliches Bakschisch.** Ich falle todmüde ins Bett und keine Kälte der marokkanischen Welt kommt an mich und die Medima® Vollmontur heran. Geschafft!

Donnerstag, 30.05.2013. Nach Boulemane - von Marbie.

Auch diese Nacht in ungeheiztem Hotelzimmer mit voller Montur verbracht, aber nach der übermenschlichen Anstrengung von gestern gut geschlafen und eigentlich keine Lust aufzustehen. Frühstück gibt es hier nicht, also gehen wir ein paar hundert Meter in den Stadtkern, dort gibt es den letzten richtigen Café au lait, danach nur noch Nescafé – leider.

Unser Ziel ist das Erg Chebbi, eine der großen Sandwüsten in Marokko. Es sind große, durch Wind geformte Dünen- landschaften. Die liegen ganz im Osten von Marokko, 30 km von der algerischen Grenze entfernt. Das gesamte Erg hat eine Ausstreckung von 22 Kilometer in Nord-Süd-Richtung und bis zu fünf Kilometer in Ost-West-Richtung.

Seit gestern quälen mich fürchterliche Niesattacken, gefolgt von leichtem Nasenbluten. Das muss an der unglaublich trockenen Luft liegen, es staubt ständig und mit offenem Visier fahren ist unmöglich. Ich trage doch wieder beim Fahren die Sonnenbrille, weil mir die Augen tränen und ich bei dem hellen Licht ständig blinzeln muss. Allmählich wird es ganz schön warm.

Unsere Route führt über die R 503 nach *Boulemane*, der Ort, den wir gestern aus dem Rifgebirge nicht gefunden hatten.

Die Straße ist nicht wirklich spektakulär, überwiegend geradeaus. Unser Ziel ist eine Kasbah in

Kerrandou, die in ein Hotel umfunktioniert wurde. In Marokko wird die Bezeichnung Kasbah auch für Festungsanlagen außerhalb von Städten, vor allem im Atlasgebirge gebraucht *(Boulaouane, Beni Mellal).* Diese wurden von den Herrschern (v. a. unter Moulay Ismail) zur Kontrolle der Küsten und des Hinterlandes mit den hier ansässigen und stets unruhigen Berberstämmen errichtet. (Quelle: Wikipedia)

Die Unterkunft ist sehr gut und günstig, wir zahlen pro Person 250 Dirham, das entspricht 25 Euro, der Kurs ist leicht zu rechnen mit 1:10. Die Aromen in den Fluren entsprechen dem süßlichen Flair der orientalischen Länder, vermischt mit der Duftnote von streunenden Katern. Für

Abb. 8 Karrandou

mich schwer zu ertragen.

Das Essen in dem kleinen Restaurant ist hervorragend, es gibt mal wieder Bier zu kaufen.

Donnerstag, 30.05.2013. Nach Boulemane - von George.

Abb. 9 Rast

Abb. 10 In der Wüste

Morgens scheint wieder die Sonne, es ist warm. Das Gästehaus war wirklich schön, allerdings gibt es nichts zu essen, so dass wir in einem Straßencafé frühstücken. Die Sonne scheint, der Verkehr wuselt um uns herum, einfach schön.

Doch irgendwann geht es weiter. Auf die R503 fahren wir zunächst bis Boulemane, unserem eigentlich für gestern angepeilten Ziel. Die Straße ist gut ausgebaut, aber nicht langweilig. Es geht wieder hinauf in den Atlas. Eine weite Gegend, oft landwirtschaftlich genutzt und natürlich bis etwas über 2300 Meter hohen Berge, das hat was. Mit dem *Tizi Abheknanes* überqueren wir einen schönen Pass, um dann in die breite, malerische Schlucht von Boulemane einzufahren. Hinter Boulemane geht es wieder bergauf, dann folgt eine von Hirten bevölkerte Hochebene.

Bei einer Fotopause hält ein Truck bei uns. Wir meinen noch, dem Fahrer klarmachen zu müssen, dass wir keine Panne haben, der reicht uns aber vier Literflaschen Mineralwasser raus. Wir wollen dankend ablehnen, er aber lässt keinen Widerspruch zu und meint, wir brauchen das Wasser. Wir sind etwas beschämt ob dieser Geste der doch eigentlich viel ärmeren Menschen hier.

Es geht weiter: N13 durch *Midelt* und *Rich* bis *Kerrandou*, wo wir ein kühles Zimmer in einer Kasbah finden. Die N13 erweist sich hier als durchaus schöne kurvenreiche Straße mit einigen schönen Tälern. Und, wie schon gewohnt, weite Ebenen, karge Weiden, verstreute Dörfer und überall Schaf- oder Ziegenhirten unterwegs.

Meine Digitalkamera stellt leider den Dienst ein, der Autofokus ist defekt, die Bilder sind alle unscharf. Dafür funktioniert jetzt der Garmin wieder.

Wir haben es abends noch einmal versucht und siehe da, er nimmt problemlos wieder seinen Dienst auf.
Hoffentlich bleibt das so und schade, dass es ausgerechnet im Niemandsland gestern nicht funktioniert hat.

Abb. 11 Rast

Freitag, 31.05.2013 zum Erg Chebbi – von Marbie.

Diese Nacht ist warm, ich brauche keine zwei Decken mehr, aber morgens schlafen wir recht ausgiebig und kommen spät aus den Federn. Das Frühstück besteht aus mehreren Gängen und ist sehr, sehr nahrhaft!

Die heutige Streckenbesprechung artet zwischen Susanna und Ruedi etwas disputartig aus, ich halte mich da raus.

Hier ist es überall schön und auf Georges Routenplanung kann ich mich verlassen. Wir fahren schon mal vor, um den beiden Gelegenheit zu geben, ihre Meinungsverschiedenheit zu klären. 120 km Richtung *Midelt* auf der N13. Meistens unspektakulär geradeaus, unterbrochen von kurvenreichen bergauf Straßen.

Wir fahren schon eine halbe Stunde, aber von Ruedi und Susanna noch keine Spur. Gelegenheit, eine Zigarette zu rauchen. George schaut sich die Gegend an. Es ist ziemlich warm, hier so in der Sonne rumzustehen.

Irgendwann taucht die Ducati auf. Susanna steigt ab und der Streit geht weiter.

„Warum habt ihr die Route geändert? Wir hatten etwas anderes vereinbart!", schimpft Susanna.

„Sollten wir vielleicht erst ein Rundschreiben schicken?", schreit Ruedi zurück. „Wir wollen in die Wüste, das war abgesprochen!"

Susanna steigt auf den Soziussitz, um gleich darauf wieder abzusteigen. **Ich habe jetzt schon drei Zigaretten**

geraucht und mir wird es zu warm. Ruedi, der seit einem Jahr nicht mehr rauchte, möchte plötzlich eine Zigarette von mir. Oh je. So schlimm ist es schon!

„**Ruedi, tu' es nicht! Das lohnt doch nicht.** Fang nicht wieder mit dem Rauchen an!", sprach ich so daher, wohl wissend, dass nichts, gar nichts, einen abstinenten Raucher vom Rauchen abbringen kann, wenn der Entschluss mal gefasst ist.

„Gib' mir jetzt eine Zigarette!", schreit er. Das bringt Susanna noch mehr auf die berühmte Palme. Georg hat sich etwas abseits aufgehalten. Wir beschließen, die beiden in ihrem Streit sich selbst zu überlassen, und fahren weiter.

Irgendwann holen sie uns wieder ein. Es scheint sich ein bisschen beruhigt zu haben. Wir machen einen Stopp bei einem Imbiss auf der Strecke. Ruedi läuft mit George zu den Felsen. Susanna sagt zu mir:

„Ruedi will nachhause fahren." Fassungslos schüttele ich den Kopf.

„Das geht nicht, wir sind doch gerade erst angekommen! Dann muss er dich mitnehmen! Jetzt vertragt euch doch endlich, so ein Blödsinn, wegen der Routenänderung zu streiten!"

Ich kaufe eine Kette aus Hämatit für 150 Dirhams, mein Handeln auf 120 Dirhams funktioniert leider nicht. Wahrscheinlich hätte ich einfach weggehen sollen. Aber die Kette ist es auch wert, sie ist wunderschön gearbeitet. Wir nehmen Platz in dem kühlen Lokal mit einladenden Dirwans zum Ausruhen und trinken was Kaltes. Ruedi hat sich auf den Polstern ausgestreckt und pennt vor sich hin. Wir erhalten den „Insidertipp" vom Gastwirt:

Das Hotel *Nasserpalace* (http://www.nasserpalace.com/) in Hassilabied (Merzouga) vor der Sahara, mitten im Nichts und drei km hinter Weihnachten. Er kennt den Besitzer und ruft ihn auch gleich an. Wahrscheinlich wird dieser Tipp ständig

Abb. 12 Blick in die Oase

weiter gegeben und er kassiert Tantiemen.

George wird als Referenz benannt, der Hotelbesitzer fährt einen Cherokee und wird uns erwarten, alles sehr suspekte Informationen.

Da Ruedi weiter relaxed und auf die Frage nach seinem Namen nicht antwortet, nennt er George und Ruedi „Double- George". Wir Frauen werden gar nicht gefragt. Er malt sogar noch auf einem Blatt Papier die Strecke auf. **Weiter geht es nach *Erfoud*, dort** wird ein Tankstopp

Abb. 14 Wenden in der Oase

Abb. 13 In der Oase

vereinbart. Ruedis Multi verbraucht satte 8 Liter auf 100 km, also vorsichtshalber alle 200 km nachfüllen, was mir häufige Raucherpausen beschert.

Mittlerweile ist es richtig heiß, wir fahren weiter nach *Rissani*, wo wir unser tägliches Mittagessen in Form von Tarhin angehen.

Vor dem Essen natürlich rituelles Händewaschen, zur Abkühlung klatsche ich mir das Wasser gleich auch auf den Kopf und in den Nacken. Dieses Mal essen Georg und ich Nadia, eine Art Gulasch ohne Soße mit Fleisch voll Sehnen, Knorpel und Fett.

Ich halte mich an den Salat und das Brot, Melone und Apfelsinenspalten.

Da kommt der Besitzer und hält Georg sein Handy hin.

„Double-George?"

Der Besitzer vom Nasser Hotel ist dran und fragt, wo wir sind. Unglaublich! Er kurvt in *Rissani* herum und sucht uns in seinem Cherokee. Kurze Zeit später hält er beim Café und bietet an, zu warten, bis wir gegessen haben. Grundgütiger! Im Auto sitzt sein körperlich behinderter Verwandter, vor lauter Langeweile wiegt er seinen Oberkörper vor und zurück. Manchmal drückt er gelangweilt auf die Hupe.

Dann starten wir, der Cherokee Besitzer fährt in ziemlichen Tempo mit mindestens 120 km/h voran. An einer Polizeikontrolle hält er an. Ups! Erwischt!? Doch nein, hier funktioniert die Ordnung nicht nach unseren

Maßstäben. Er bringt den Polizisten nur etwas zu essen, das hatte er ihnen bei der Hinfahrt versprochen! Und ich dachte, wir bekommen eine Knolle, schließlich sind wir fast 30 km/h zu schnell gefahren. Unglaublicher Anblick, als wir auf die Ergs zufahren. Ich bin total begeistert. Gelbe Sanddünen vor blauem Himmel.

Beim Hotel endlich angekommen, in *Hassi Behdi* mitten im Nichts, vor uns die Dünen der Sahara, bin ich erstens glücklich, dass ich aus den Motorradklamotten rauskomme und zweitens, dass das Hotel einfach klasse ist.

Es sieht aus wie aus Tausend und einer Nacht. Die Dünen des Ergs verändern ihre Farbe nach Wetter und Sonnenstand und leuchten jetzt in knallorange vor dem blauen Himmel. Klassische Komposition von Komplementärfarben!

Die Preisverhandlungen sind schnell abgeschlossen: 800 Dirham für 2 Nächte pro Zimmer einschließlich Ritt auf den Kamelen zwecks Besichtigung des Sonnenuntergangs auf dem Erg. Wir bekommen ein großes Zimmer mit vier Betten, die zwei Betten sind sofort mit allen möglichen Inhalten der Packrollen übersät.

Um 18:30 Uhr ist Antreten bei den Kamelen (eigentlich Dromedare, weil sie nur einen Höcker besitzen) angesagt. Georg und ich nehmen noch wahr, wie ein Dromedar plötzlich ungeachtet der auf ihm sitzenden Reiterin und den Schreien des Führers wild durchstartet.

Die Reiterin fällt am Hinterteil hinunter, wird noch etliche Meter von dem wild gewordenen Wüstenschiff durch den Sand geschleift. Ich möchte am liebsten meine Entscheidung rückgängig machen. *So what.*

Die fantastischen Vier auf ihrem Ritt zu den Ergs, ganz links Bob Marley. Ich steige doch auf, das letzte Dromedar heißt Bob Marley, auf diesem reitet Ruedi. Ein sagenhafter Ausblick auf die Dünen der Sahara erwartet uns, das Laufen ist für die Dromedare in der Tat leichter als für uns.

Irgendwo im tiefen Sand steigen wir ab und unsere Kamelführer wandern mit uns zur Düne hoch, ich mache vorher Schluss, bis ganz oben hin gehe ich nicht mit. Mir ist es zu anstrengend.

Zum Abschluss gibt es noch eine kleine Verkaufsveranstaltung im Sand, umgeben von Kamelkötteln, mit Gefäßen aus Alabaster, Fossilien in guter Kopie und Masken. Georg kauft für seine Enkel drei Masken, mit dem Handeln hat er mehr Glück als ich, statt 350 Dirham zahlt er nur 320.

Dafür gibt es bei der Verabschiedung kein Bakschisch. Im Hotel gibt es zum Glück auch Bier, in Aludosen das Steinburg Classica, und noch ein Abendessen mit Tarhin, Salat, Suppe und Obst. Morgen ist für mich Faulenzen ohne Motorradfahren angesagt, Georg überlegt, ob er die KTM auf den Sanddünen ausprobiert. Da bin ich mal gespannt, ob das noch klappt.

Abb. 17 Die fantastischen Vier

Abb. 16 Innenhof des Hotels Nasser

Freitag, 31.05.2013 zum Erg Chebbi – von George.

Jetzt ist es schon am frühen Morgen richtig heiß. Gut, dass wir heute nicht ganz so lange fahren wollen. Wir starten nach einem ausgedehnten Frühstück und rollen weiter auf der N13. Doch bereits nach wenigen Kilometern müssen wir das erste Mal unterbrechen. Bei Ruedi und Suzanna hängt der Haussegen beträchtlich schief. Es eskaliert fast so weit, dass Ruedi den Urlaub abbricht. Mit gebremsten Enthusiasmus geht es aber weiter. Wir fahren am „Barrage Hassan Addakhill" vorbei. Schön, wie dieser See in die Hochebene des Atlasgebirges eingebettet ist. Dann geht es recht gut durch Er-Rachida vorbei an der „Oases du Ziz".

Die liegt wirklich eindrucksvoll eingebettet in eine Schlucht, welche der Qued (Fluss) Ziz sich hier im Laufe der Jahrtausende gegraben hat. Die Oase ist um ein Vielfaches größer, als ich mir so eine Oase vorgestellt habe. Einfach eindrucksvoll! Das haben auch die Marokkaner erkannt und am Rande der Schlucht ein Café/Restaurant im Zelt aufgestellt. Hier machen wir auch eine ausgiebige Rast. Marbie und ich können die Pause in der jetzt sengenden Hitze genießen.

Wie es mit Ruedi und Suzanna ist, weiß ich natürlich nicht, aber ein unbeschwerter Genuss ist es mit Sicherheit nicht. Ist schon oft schwierig mit den beiden. Der Wirt ist, wie scheinbar alle Marokkaner, sehr kommunikativ, auch abgesehen von den reinen Verkaufsgesprächen. Denn irgendwas wird uns immer zum Verkauf angeboten.

Wir bekommen aber gleich auch noch eine Unterkunft am Erg Chebbi vermittelt. Sogar mit persönlichem Abholdienst in *Rissani*. Der Codename lautet: „Double George".

Nachdem wir uns über den Preis einig sind, werden die Zimmer bezogen, danach geht es noch auf einen Kamelritt in die Dünen des Erg Chebbi. Hier besteigen wir noch eine hohe Düne – ganz schön anstrengend – und genießen den Sonnenuntergang im heißen Wüstensand des Ergs.

Samstag, 01.06.2013. Relaxen im Nasser Palace – von Marbie.

Heute ist ein motorradloser Tag angesagt, mit Bad im Swimmingpool. Super, kein Motorradfahren in dicker Schutzkleidung. Der Innenhof des Hotels ist etwa 400 qm groß, angenehm schattig und durch den ständigen leichten Wind ist der Aufenthalt draußen gut auszuhalten.

Das Zwitschern der Spatzen, das Plätschern des Wassers aus dem Swimmingpool und die Tatsache, dass wir eine Zeit lang die einzigen Gäste hier sind, lässt den Gedanken an ein Paradies aufkommen. Ruedi und Susanna wollen auf den Markt in die nächste Stadt.

Ich kann auf das Gedränge und Geschreie gut verzichten. Georg hat heute ziemliche Kopfschmerzen und von einem Ausflug auf die Dünen mit der KTM ist keine Rede mehr.

Gegen die Niesattacken hilft, die Nase mit Wasser zu spülen und danach kräftig zu schnäuzen. Das ständige Kribbeln ist nervig, unsere Riechorgane sind mit der Filterfunktion ziemlich überlastet. Heute Morgen habe ich in unserem Zimmer eine beeindruckende Kakerlake gesehen. Auch an die Tierwelt hier muss ich mich gewöhnen, überall sehe ich jämmerlich aussehende Katzen voll mit Ungeziefer, die sich unter den Tischen ihr Futter suchen und mitunter ausgiebig kratzen.

Der Swimming Pool ist einfach klasse, in einer Ecke spielen die Gäste auf Trommeln, es geht ein leichter Wind, es ist sehr friedlich hier und die Hitze erträglich. Ich genieße den Tag und könnte die ganze Zeit von den Balkonen des Hotels auf die Ergs schauen, so beeindruckend sind sie.

Nachmittags beschließe ich, von den Sahara Dünen etwas Sand zu holen, die ich für meine Kakteen verwenden will, echter Saharasand, ganz kostenloses Souvenir! Sobald ich einen Schritt nach draußen setze, trifft mich die Hitze wie ein Hammerschlag – 45 Grad oder mehr. Die Einheimischen versorgen sich mit Wasser aus dem Brunnen, die Gefäße tragen sie auf dem Kopf.

Wie schon gewohnt, für die harte Arbeit sind die Frauen zuständig. Ich bekomme ein schlechtes Gewissen.

Wir sitzen am Pool mit reichlich Wasser, während die Frauen das Wasser auf dem Kopf bis zu ihrer Wohnung schleppen müssen. Die Dünen sehen sehr nah aus, nach 15 Minuten bin ich aber keinen wirklichen Schritt weiter

Abb. 18 Blick vom Hotel auf die Ergs

gekommen, also nehme ich den Sand, der vom Wind hier so

verteilt wurde und verschwinde wieder im Schatten des Nasser Palastes.

Ruedi und Susanna haben sich auf dem Markt mit der landestypischen Kleidung versorgt, sie sehen richtig profimäßig aus.

Abb. 19 Blick vom Hotel auf die Ergs

Abends erwartet uns ein tolles Abendessen mit vier Gängen:

Minestrone, Reisteller mit Ratatouille, Hackfleischbällchen mit Möhren und Tomaten, als Dessert Melone und Apfelsinenspalten. Die Früchte sind hier einfach köstlich und süß. Der landesinterne Reifungsprozess sorgt für ein ganz anderes Aroma als das von den unreif geernteten Bananen und Orangen, die uns in Deutschland angeboten werden.

Abb. 20 Entspannte Streckenbesprechung

Samstag, 01.06.2013. Tag im Nasser Palace – von George.

Heute ist quasi Ruhetag, Ruedi und Suzanna fahren zum Markt nach *Rissani*, Marbie und ich hängen im Nasser Palace rum und genießen den Swimming Pool bei der trockenen unangenehmen Hitze.

Ist schon verrückt, auf der einen Seite holen sich die Dorfbewohner das dringend nötige Wasser mühsam in großen Wasserflaschen und Kanistern aus dem Brunnen am Rande *Hassi Bedis*, quasi direkt vor dem Eingang des Nasser Palace, auf der anderen Seite liegen wir im Pool oder spülen das kostbare Gut die Toilette hinunter.

Da sollte man lieber nicht zu lange drüber grübeln. Wir genießen den Tag und ich bringe endlich die Reiseaufzeichnung wieder auf den aktuellen Stand.

Sonntag, 02.06.2013 zur Dades Schlucht – von Marbie.

Heute ist Aufbruch, genug gefaulenzt, wir wollen zur Dades Schlucht und dort zwei Tage verbringen. Der Rundtörn um die Dades und die Todra Schlucht ohne Gepäck verspricht Kurvenglück! Georg hat immer noch Kopfschmerzen, Susanna hat in der Nacht erbrochen und Durchfall. Sie sieht ziemlich blass aus. Die Rechnung des Hotels beträgt 435 Euro für 4 Personen inkl. Essen und Getränke. Der Aufenthalt war zwar unterbringungsmäßig recht günstig für das 3 Sterne Hotel, das Trinken jedoch nicht: Eine Dose Bier mit 0,3 l kosteten stattliche 3 Euro. Irgendwann starten wir dann Richtung *Rissani,* wir müssen alle zum Geldautomaten.

Susanna hat im Reiseführer etwas über uralte Felsgravuren gelesen, die wollen wir finden. Das klappt

Abb. 21 Auf der Suche nach den Felszeichnungen

aber nur deshalb, weil wir auf der Straße in *Taouz* von einem Mopedfahrer (er fährt eine Avatar von Yamazuki 50 Kubik, der Tank ist durch einen Teppich geschützt) angesprochen werden. Für 100 Dirhams will er uns dort hinbringen, der Weg ist eine Schotterpiste, die ich irgendwie meistere, nur die Sandhaufen in den Löchern gefallen meinem Vorderrad nicht. Sand ist nicht mein Freund! Georg und Ruedi sind von der Strecke total begeistert. Die Felszeichnungen sieht man nur, wenn man direkt drauf gestoßen wird.

Es ist wirklich brüllend heiß und ich habe nach 5 Minuten schon genug gesehen. Die Sandpiste ist auch nicht mein Ding – das Vorderrad droht immer wieder auszubrechen. Ich fahre nicht gerne im Stehen und bin stinksauer, gepaart mit schlechter Laune. Unser Guide bringt uns zu einem Café in seinem Dorf. Dabei fällt Georg auf, dass mein Abblendlicht nicht funktioniert. Das Fernlicht geht noch, eine Ersatzbirne haben wir natürlich nicht dabei. Na, Prost Mahlzeit! Kein linker Außenspiegel, jetzt auch kein Licht mehr. Meine Stimmung sinkt auf den absoluten Nullpunkt so bei minus 270 Grad.

Schließlich sitzen wir wieder auf den Maschinen und es geht weiter. Beim Fahren ist die Hitze sogar erträglich. Die Landschaft ist schnell beschrieben: Geröllwüste mit einzelnen trockenen Sträuchern. Erstaunlich, dass die Ziegenherden hier etwas zum Fressen finden. Entgegen kommende LKWs sorgen immer für eine kleine „Explosion", wenn ich aus dem Windschatten heraus fahre. Der Wind hat zuweilen kräftige Böen, die meine Wespe richtig nach rechts versetzen. Susanna ist gegen 14:00 Uhr wieder so übel, dass wir mitten in dieser unwirtlichen Gegend halten und unter einem der wenigen schattenspendenden Baum Platz nehmen. George versucht, mit der KTM einige Runden im Sand zu drehen, was sich mit Koffern und Packrolle als ziemlich anstrengend erweist.

Dabei fällt mir die Packrolle auf, die ziemlich nach hinten gekippt liegt, runter zu fallen droht. Den Grund finden wir schnell:
Der Gepäckträger ist gebrochen, der Halter vom Kofferträger auch. Gut, dass es Spanngurte und Kabelbinder gibt. Die haben wir wenigstens dabei. **Also alles umgepackt, ich nehme wieder die gelbe Rolle,** Georg die kleinere, weil er die auf dem Sozius befestigen kann. Während ich damit noch beschäftigt bin, gefällt es der Ducati umzufallen. *Bomm!*

Eine Windböe hat gereicht. Entgeistert schreie ich: „Ruedi!" Die Spiegel haben gehalten. Zu zweit stemmen die Männer den vollbepackten Trumm wieder hoch. **Beim nächsten Tankstopp versuchen Ruedi und Georg meine Glühbirne** auszubauen und nach einer Ersatzbirne zu fragen. Die haben hier natürlich keine. Eine elende Fummelei beginnt. Mit schwant Schlimmes. Und richtig: Beim Einbau geht etwas schief, das Fernlicht funktioniert jetzt auch nur noch ein paar Kilometer, dann ist alles aus. Die Entfernungsangaben auf den Landkarten stimmen auch nicht. Irgendwie sind wir immer schneller da, als der

Tageskilometerzähler anzeigt. **So fahren wir auf der N10 noch weiter nach Boumalne du Dades und** finden sofort das Hotel *Kasbah Dades.* Beim Abstellen meiner Wespe fällt mir ein Brandgeruch auf, es quillt Rauch aus dem Scheinwerfer. Die Birne hat für ein Abschmelzen der Lampenfassung gesorgt, jetzt brauche ich auch noch einen neuen Scheinwerfer! Jedenfalls ist eine Nachtfahrt ab sofort gänzlich ausgeschlossen. Warum die Sicherung nicht raus gesprungen ist, bleibt ein Rätsel.

Allmählich werden die technischen Defekte lästig, kein linker Spiegel, kein Licht, an Georgs KTM der gebrochene Gepäckträger und ihm fehlt inzwischen auch der linke Spiegel, einfach abgebrochen. Während Ruedi und Susanna sich die Zimmer ansehen, verspüre ich ein unaufschiebbares, dringendes Bedürfnis.

Leider ist es nur ein Stehklo, das Nachspülen führt man mittels aufzufüllenden Wassereimer durch, nun habe ich auch Durchfall und verbringe geraume Zeit auf dieser Toilette in der Hocke und voller Motorradmontur, bis ich geschafft auf die Terrasse stolpere. **Nie wieder fahre ich Motorrad, Ehrenwort! Na ja. Jedenfalls nicht sofort.**

Georg kauft auf dem Schwarzmarkt eine Flasche Wein für 200 Dirham, hier gibt es keine Lizenz für Alkohol! Nach Bier fragen wir erst gar nicht, mir ist sowieso nicht danach. Der Hotelbesitzer vermittelt den Verkauf gegen Vorkasse, die Polizei muss auch noch bestochen werden, sagt er. **In der Nacht wird es auch für Georg anstrengend**, nicht nur Durchfall und Übelkeit, sondern auch noch eine Erkältung mit Schnupfen. Wir schlafen nur im Stundenrhythmus, entweder Toilettengänge oder die Niesattacken sind zu bewältigen. Bis wieder Blut kommt. Zum Glück hat Susanna Nasenspray dabei.

Abb. 22 Rast in der Wüste

Sonntag, 02.06.2013 zur Dades Schlucht – von George.

Die Hitze, der Staub und der Sand machen uns zu schaffen. Bei aller Faszination, die der Erg Chebbi und die Sahara ausüben, bin ich froh, dass es heute in den hohen Atlas geht. Doch zunächst starten wir nach Taouz, dort schauen wir uns die Felszeichnungen an. Bereits am Ortseingang empfängt uns ein Berber auf seinem Moped. Für 100 DH steht er uns als Führer bereit. Über eine schöne Piste (zumindest für Ruedi und mich) geht es zu den Felszeichnungen. Direkt bei den Felszeichnungen befindet sich noch ein altes Steingrab. Alles sehr interessant. **Unser „Berber-Navi" kann uns auch einiges zur Herkunft der Felszeichnungen erzählen.** Außerdem weiß er gut über die Gegend hier Bescheid. Er bietet auch Pistentouren durch die Wüste bis ins etwa 250 km entfernte *Zagora* an. Interessant. Genauso interessant empfinde ich es, wenn hier jeder Berber oder Marokkaner so viele Sprachen beherrscht. Arabisch und französisch sowieso, dann in der Regel Berberisch, Englisch, Spanisch und Italienisch und in vielen Fällen auch noch etwas Deutsch. Trotzdem sind wir wegen der Hitze froh, als es wieder losgeht. In *Taouz*, ein abgelegenes kleines marokkanisches Dorf am Rande der Sahara, trinken wir noch etwas. Dann geht es los. Der Vorschlag, über die Piste bis *Rissani* zu fahren, wird von

Marbie strikt abgelehnt. Sie hat schlechte Laune und Verhandlungen mit ihr sind in diesem Zustand zwecklos.

So geht es über die Straße und *Merzouga* weiter nach *Rissani*. Dort nehmen wir die N12 nach *Alnif*. Diese führt ca. 100 km am Rand der Wüste entlang immer Richtung Westen. Im Norden grüßen uns die Berge des *Ougnat*. Die Straße verläuft so etwa in 600 – 800 Höhenmetern, die umliegenden Gipfel erreichen etwa 1400 Meter und die Sahara zeigt sich hier überwiegend als Geröllwüste mit stacheligem Bodenbewuchs und ganz vereinzelt einigen Bäumen.

Orte gibt es so gut wie keine, aber selbst hier zeigen sich immer mal wieder Hirten mit Ziegen, Schafen oder Kamelen. Irgendwo mitten in diesem Nichts müssen wir Pause machen, Suzanna geht es nicht gut. Sie legt sich in den Schatten eines Baumes. Während Suzanna langsam zu Kräften kommt, verausgabe ich meine bei einigen kleinen Runden durch das Geröll und den Sand. Ein bisschen Spaß darf ja auch sein. Als ich die KTM dann abstelle, merkt Marbie, dass mein Gepäckträger gerissen ist.

Na ja, kleinere Defekte haben wir genug. Während wir noch Gepäck von der KTM zurück auf die BMW packen, legt sich die Multistrada selbsttätig unterstützt von einer kräftigen Windböe auf die Seite. Zum Glück ohne größeren Schaden.

Während der Tank- und Essenspause in *Alnif* versuchen wir, Marbies Scheinwerfer zu reparieren. Es ist ein elendes Gefummel, bis wir die Birne aus der Fassung haben und natürlich bekommen wir hier an der Tanke auch keinen passenden Ersatz. Also erst mal alles wieder provisorisch eingesetzt und weiter. Jetzt ändert sich das Bild, wir fahren durch eine grau-braune Bergwelt. In meiner Karte ist die Straße mit einer Passhöhe ausgewiesen.

Unser „Berber-Navi" heute Morgen sagte uns, dass die ehemalige Piste erst seit diesem Jahr asphaltiert ist. So fahren wir in *Alnif* auf die Straße Richtung *Tinerhir*. Der Asphalt ist gut, es geht bergauf, aber nur bis auf gut 1400 Meter Höhe.

Eine richtige Passhöhe ist nicht auszumachen. Schneller als erwartet kommen wir auf die N10 und fahren durch *Tinerhir*, einer recht lebendigen Stadt, weiter nach *Boumalne-du-Dades*. Hier finden wir schnell das recht gute Hotel „Kasbah du Dades".

Als wir vor dem Hotel von den Maschinen absteigen, steigt aus Marbies BMW Rauch auf. Die nicht richtig eingesetzte Lampe hat sich wohl losgerappelt und dann mit der heißen Birne den Reflektor leicht angekokelt.

Auch das noch, jetzt müssen wir vor der Heimfahrt irgendwie noch eine akzeptable Lösung basteln. Bei der Ankunft bekommt Marbie Durchfall, mich erwischt es dann in der Nacht: Durchfall, Brechreiz und Schüttelfrost beeinträchtigen die Nachtruhe gewaltig.

Montag, 03.06.2013 Genesung vor der Dades Schlucht – von Marbie.

Wir bleiben morgens im Bett, Ruedi und Susanna wollen eine Runde fahren. Erst um 12:00 Uhr kehren unsere Lebensgeister wieder zurück. Wir buchen das Zimmer noch für eine Nacht länger. Ich kaufe ein paar Kekse und Wasser im Supermarkt nebenan. Dabei werde ich von allen Angestellten im Hotel in holprigem Englisch gefragt, wie es uns geht und ob wir Medizin brauchen. Wahrscheinlich sehe ich ziemlich krank aus.

Verknüpft mit dem Hinweis, auf keinen Fall Wasser aus dem Hahn zu trinken, sondern nur aus verschlossenen Flaschen! Abends treffen die schon bekannten Motorradfahrer von der Fähre ein, ein Schweizer Paar mit BMW 1200 GS und KTM 990 Adventure, ebenso der Franzose auf der DR 350. Er ist die Rundtour der beiden Schluchten gefahren, und hat sogar die Querverbindung genommen, eine Piste von 34 km, deren Zustand im Reiseführer nur sehr vage beschrieben ist, jedenfalls ist er völlig fertig. Susanna und Ruedi sind gegen 20:00 Uhr zurück, die Schweizer begrüßen sich sehr erfreut. Und wieder organisieren die Mitarbeiter des Hotels für uns eine Flasche Wein vom Schwarzmarkt.

Ruedi und Susanna sind die Rundtour gefahren und haben Bekanntschaft mit einem Hüttenwirt im Nirgendwo gemacht. **Sonst gab es wie im Rifgebirge keine**

Menschenseele zu sehen, und es stellt sich immer wieder die Frage nach dem: "Wo sind wir jetzt eigentlich?", bei ihnen ein.

Abb. 23 Die meist fotografierten Serpentinen

Abb. 24 Abgehen der Strecke: Noch ist alles okay

Dienstag, 04.06.2013 Auf in die Dades Schlucht – von Marbie.

Uns geht es wieder besser. George ist noch nicht so ganz auf dem Damm, aber er möchte wie der Franzose die Rundtour fahren, 140 km. Mir ist das zu viel, so richtig fit bin ich noch nicht. Also beschließen wir eine heutige Trennung: Georg fährt die Rundtour alleine, Susanna, Ruedi und ich fahren die asphaltierte Strecke von 90 km in die Dades Schlucht, Cruisen und Foto- shooting.

Georg startet eine halbe Stunde vor uns. Wir kurven in der Dades Schlucht und fotografieren die Serpentinen, die die Schlucht schlechthin als Wahrzeichen präsentieren.

Irgendwann ist der Asphalt zu Ende, es geht auf der Piste weiter, aber für mich gut zu bewältigen. Wir finden

Abb. 25 Einheimische mit Kind

auch die Verbindungspiste zwischen den zwei Schluchten. Susanna und ich gehen diese zu Fuß zum Inspizieren ab. **Okay – wir versuchen es.** Nach 100 Metern ist Schluss. Ruedi hängt mit der Ducati (Susanna ist abgestiegen) in einer Rinne und paddelt das Dickschiff mit dem linken Bein hoch an der Böschung da durch. Ich springe mit einem verzweifelten Gasstoß nach rechts oben vorbei und weiß schon jetzt, das ist es nicht. Das geht überhaupt nicht!

34 Kilometer Trial fahren – nein, danke. Ich bin doch kein Schlammspringer. Hier ist überhaupt keine Straße oder ein Weg zu erkennen!

Wir wenden die BMW und Ruedi hilft uns Frauen dabei. Da ist mir die Schotterstrecke schon deutlich lieber. Aber – ich habe es versucht! Ich bin aber kein Schlammspringer! In einem Dorf geraten wir in eine Sackgasse. Hier geht es nicht mehr weiter!

Das ganze Dorf starrt uns staunend hinterher. Etwas später finden wir in dieser Einöde einen Eremiten mit einem Restaurant, dort essen wir ein leckeres Berber Omelett. Die Aussicht in dieser Schlucht ist einfach unvergleichlich!

Ruedi meint, ich solle schon vorausfahren, sie kommen nach. Die Schotterpiste ist nicht wirklich schlimm, langsam gewöhne ich mich daran. Auch eine Durchfahrt durch ein riesiges Wasserloch meistere ich, man darf einfach nie vom Gas gehen! Nur besser nicht in der Mitte durchfahren, eher am Rand. Ruedi und Susanna sind immer noch nicht zu sehen, und so schnell fahre ich ja nicht. Wo bleiben die? Nun, vielleicht wollen sie ein bisschen für sich alleine sein. Schließlich, nach einer gefühlten Viertelstunde sehe ich die Ducati im verbliebenen rechten Spiegel. Ruedi hupt, irgendetwas stimmt nicht.

„Ich habe nur noch die halbe Leistung, ein Zylinder ist ausgefallen!", schreit er. Ungläubig starre ich auf die Ducati, das Vorderrad sifft nun schon seit Tagen an der rechten Gabel, das ist nicht wirklich was Neues. Das Ganze klingt jetzt aber, als hätten wir ein richtiges technisches Problem. Wieso ist plötzlich nur die halbe Leistung da? Vielleicht in der Rinne bei der Offroad Passage geblieben?! Den Rest der Strecke schaue ich sehr oft in den Rückspiegel, und Ruedi fährt für seine Verhältnisse ausgesprochen zahm. Gegen 16:00 Uhr sind wir wieder am Hotel. Georgs KTM steht schon da, nicht wirklich überraschend, wahrscheinlich keine einzige Pause auf der gesamten Rundtour gemacht. Ruedi legt sich gleich unter die Ducati, um den Schaden zu begutachten, Georg hilft ihm dabei, und sie kommen beide zu dem Schluss: Wirtschaftlich ein Totalschaden, die Ducati befindet sich auf ihrer letzten Fahrt.

Sofern sie morgen überhaupt noch anspringt. Aber eines ist auch klar: Die Maschine wird – so lange sie noch fährt – nicht aufgegeben. Erst, wenn sie liegen bleibt, wird die Versicherung angerufen. Sie muss auf jeden Fall wieder außer Landes. *So what.*

Ich habe meine Zweifel, ob wir und wie lange noch zusammen weiter fahren. *Ach, lasst uns auf die Reise gehen, anderes Land zu suchen!*

Montag, 03.06.2013 Genesung vor der Dades Schlucht – von George.

Marbie und ich sind morgens groggy. Nach kurzer Rücksprache mit Ruedi und Suzanna verlängern wir hier im Hotel noch für eine Nacht. Die zwei Schluchten hätten heute für Marbie und mich keinen Sinn gemacht. Rudi und Suzanna fahren etwas durch die Gegend, wir lungern fast den ganzen Tag im Bett rum und versuchen wieder zu Kräften zu kommen. Erst am späten Nachmittag geht es zu Fuß etwas in den Ort. Der liegt auf fast 1600 Metern Höhe hier in den Bergen des *Sarhro*, eingebettet zwischen den mächtigen bis über dreitausend Meter Höhe reichenden Gipfeln des hohen Atlas.

Es ist trotz der Höhe noch heiß. Natürlich ist der Ort mit den meist nicht asphaltierten Straßen auch staubig, aber es ist kein Vergleich mit dem Staub und Sand am Erg Chebbi. Die Häuser sind oft bemalt, es ist ein wirklich hübscher Ort. Marbie kauft auf dem Markt noch einige Orangen, dann gehen wir wieder zurück zum Hotel. Als wir dort ankommen, kommt auch ein Schweizer Paar angefahren. Er auf einer KTM 990 Adventure, sie auf einer BMW GS 1200, wir hatten die die beiden auf der Fähre gesehen.

Wir unterhalten uns ein wenig, tauschen Erlebnisse aus. Eine passende Ersatzbirne für Marbie haben sie leider nicht. Wie konnten wir auch ohne Ersatzbirnen losfahren??

Dienstag, 04.06.2013. Auf in die Dades Schlucht – von George

Ruedi und Suzanna sind gestern die große Runde – Dades Schlucht ganz hoch und die Todra Schlucht wieder runter – gefahren. Nachdem sie spät ankommen, erzählen sie ganz begeistert von der Fahrt. Leider vergeht Marbie ob der zahlreichen blumigen Schilderungen über die Pisten jetzt die Lust darauf. Wir einigen uns notgedrungen, darauf, dass ich heute alleine die große Runde drehe. Marbie fährt mit Ruedi und Suzanna dann vielleicht den ersten, asphaltierten Teil der Dades Schlucht.

Gegen 9:00 Uhr ziehe ich mir den Helm über und starte meine Fahrt die Dades Schlucht hinauf und die Todra Schlucht hinunter. Die ersten 75 Kilometer sind noch einigermaßen gut asphaltiert. Die Eindrücke und Ausblicke sind großartig. Ich wünsche mir schon auf den ersten Kilometern, das Marbie diesen Teil der Schlucht auch fährt. Er ist einfach großartig. Danach wird der Asphalt immer schlechter und die nicht asphaltierten Flecken werden immer mehr. Irgendwo nach ca. 100 Kilometern ist der Asphalt dann ganz verschwunden und weicht einer steinigen oft mit Spurrillen durchzogenen Piste, die sich im hellen Sonnenlicht immer weiter hinauf in den hohen Atlas zieht.

Einige wenige Dörfer kreuzen noch den Weg, dann wird es ganz einsam. **In den Dörfern werde ich oft winkend begrüßt**, ab und an wirft aber auch ein Kind mit Steinen nach mir. Die Hirten am Pistenrand grüßen immer, versuchen oft, mich zum Anhalten zu bewegen. Ich glaube, sie sind dankbar für ein kleines Schwätzchen, welches ihre Einsamkeit kurz unterbricht. Außerdem betteln sie nach Zigaretten, die ich natürlich nicht habe. Bei 2850 Metern ist die Passhöhe erreicht. Jetzt geht es bis *Agoudal* sanft bergab. So schlimm, wie die beiden gestern die Piste schilderten, kommt sie mir nicht vor, liegt aber wahrscheinlich daran, dass ich alleine auf einer guten Enduro sitze. Zu zweit auf der 17-zölligen Multistrada ist das schon deutlich beschwerlicher.

Die Landschaft bleibt großartig. Irgendwo hüten zwei Jungen eine Kamelherde, sie betteln mich an. **Ich gebe ihnen ein paar Münzen, dafür darf ich sie fotografieren.** Danach geht die Bettelei aber erst richtig los. Als ich mein Handy wegpacke, rutscht der Kugelschreiben halb heraus, den wollen sie auch haben. Ich gebe ihn großzügig ab, da ich davon ausgehe, dass die zwei einen guten Kugelschreiber nicht alle Tage bekommen. Zunächst gibt es dafür Streit darüber, wer den Kuli jetzt behalten darf. Dann greift der Kleinere nach dem Reißverschluss eines Seitenfaches des Tankrucksacks. Das reicht mir.

Ich brülle ein lautes „Adjöh"! Der Kleine zuckt zurück und ich fahre mit meiner KTM los. In *Agoudal* geht es durch einige staubige Gassen, dann ist die Asphaltstraße wieder erreicht und ich rolle zügig durch die Todra Schlucht. Die ist hier oben breit, fast ein Tal. Es scheint einen guten Boden zu geben, denn da, wo der Felsen nicht das Bild bestimmt, wird Landwirtschaft betrieben. Auch viele Palmen säumen den Straßenrand. Es geht auf gut ausgebauter Straße kurvenreich immer bergab. Dabei wird die Schlucht oft enger, zieht sich dann aber auch mal wieder weit auseinander.

Mir gefällt das sehr gut. Sie ist nicht so urtümlich, wie die Dades Schlucht, entfaltet vielmehr mit den weiten, steilen Felsrändern einen ganz eigenen Reiz. Vor *Zaoia- Sidi- Abdelali* zieht sie sich ganz eng und eindrucksvoll zusammen. Es bleibt gerade mal Platz für den Fluss und die Straße. Die Schönheit haben aber auch die einheimischen Händler erkannt. Hier steht auf der Straße ein Verkaufsstand neben dem anderen. Nachdem die Schlucht jetzt ganz durchquert ist, bietet die Straße noch einen schönen Blick auf die Stadt *Tinerhir,* die ich auch bald durchfahre.

Dann geht es zügig auf der schon bekannten **N 10** zurück ins Hotel. Hier ziehe ich zum ersten Mal heute den Helm wieder ab. Dann in den Pool, Bericht schreiben und relaxen. Ich bin gespannt, was meine Marbie heute erlebt hat.

Sie ist mit den beiden auch die Gorges du Dades gefahren, allerdings nur den asphaltierten Teil bis zur Querverbindung in die Todra Schlucht. Diese wollten sie auch versuchen, haben aber aufgrund des Straßenzustandes (Piste mit tiefen Löchern) schnell davon abgesehen und sind wieder denselben Weg zurückgefahren. Unterwegs hat dann an Ruedis Multistrada der vordere Zylinder den Dienst eingestellt. Vermutlich ist die Ventilführung hinüber. Genau wissen wir es natürlich nicht, aber die Multi hat eklatant an Leistung verloren, am vorderen Zylinderkopf tritt irgendetwas aus und der Ölstand im Motor steigt. Außerdem rußt sie aus dem Auspuff.

Ob Ruedi den Weg damit bis zu Hause schafft, ist fraglich. Auf jeden Fall heißt es jetzt auf dem kürzesten bzw. leichtesten Weg zurück nach Tanger bzw. nach Selzach. Ab jetzt bestimmt die Route die Ducati.

Mittwoch, 05.06.2013. Nach Marrakesch - von Marbie

Die Routenplanung wird geändert und auf die technischen Probleme der Multi angepasst. Eine Ducati Werkstatt befindet sich in Casablanca, aber das bringt der Maschine vermutlich auch nichts mehr. Es würde das Ende einer wunderbaren Freundschaft bedeuten.

Also starten wir Richtung Tanger auf Nationalstraßen, damit die Ducati keine Pässe und enorme Steigungen überwinden muss. Unser Ziel für den heutigen Mittwoch ist Marrakesch, etwa 320 km entfernt. Wider Erwarten spring die Multi sofort an, die Strecke verläuft trotz Nationalstraße abwechslungsreich über zwei Pässe, die jedoch fast nicht zu bemerken sind. Der sehr starke Wind lässt mich allerdings wie ein Greenhorn durch die Spitzkehren eiern, richtig wohl ist mir dabei nicht. Die Temperaturen sind sehr angenehm.

Gegen 15:00 Uhr kehren wir wieder ein, die dörflichen Garküchen im Mittleren Atlas sind hinsichtlich der Umgebungssauberkeit noch etwas primitiver, blutige Ziegenköpfe liegen im Lokal.

Als ich von der BMW absteige, trete ich auf eine Ziegenpfote mit Knochenteil. Das Händewaschen erledige ich mit Wasser ohne Seife, denn die ist so schmutzig, dass man sie nicht anfassen kann. Das Essen ist, wer hätte es gedacht, wieder mal *Tajine*. Susanna bestellt sich Lammkoteletts. Von denen hat der Grillmeister eben noch die Fliegen verscheucht. Es schmeckt gut und Fliegen sind auch nicht drin, aber ich beschließe, dass es mein letztes marokkanisches Römertopfessen sein soll.

Für die Reinfahrt nach Marrakesch versucht George den Garmin zu starten, aber erfolglos. Er misst sogar den Strom an der Steckdose, daran liegt es nicht. Schade, mit Navi wäre es vielleicht etwas leichter gewesen. Das Chaos hält sich in Grenzen. Der Stadtteil *Güelitz* im Westen der Stadt ist sogar ausgeschildert. Wir finden ein 3-Sternehotel, das recht günstig ist: 50 Euro pro Zimmer und Nacht.

Abb. 26 Werkstatt ohne DIN EN ISO Zertifikat

Wir buchen zwei Nächte.
Mit Master Card zahlen gelingt wieder nicht, sie haben keine „Connection", Inschallah, vielleicht morgen? Also bar bezahlen, natürlich im Voraus.

Beim Gepäck abladen hilft jemand mit einem Trolli. Die Motos können in der Tiefgarage stehen.

Georg und Ruedi begeben sich zur Tankstelle, die nebenan auch eine Werkstatt hat. Dort erhalten wir endlich die passende Halogenbirne für meine BMW. Die Männer in der Garage helfen beim Einbau, der Scheinwerfer wird vorne einfach abgebaut. Nun habe ich wieder Licht. Allerdings ist die Birne so stark, dass sie eigentlich nur für Offroadzwecke verwendet werden darf. Im normalen Straßenverkehr ist sie nicht zugelassen. Hoffentlich sorgt sie nicht wieder für ein Abfackeln des Scheinwerfers. Ruedi lässt einen Ölwechsel durchführen, damit das Benzin nicht zu sehr das Motoröl verdünnt und irgendwann der 2. Zylinder auch den Dienst einstellt.

Der Schaden an der Ducati nimmt ihn schon sehr mit. **Susanna und ich machen uns auf die Suche nach diesen legendären Supermärkten,** die Bier und Wein verkaufen. An der Rezeption erklären sie uns den Weg, nur fünf Gehminuten! Das sind jedoch arabische Minuten, wir laufen ca. eine Viertelstunde, dann finden wir den Markt. Die Alkoholika stehen in einem extra Verkaufs- raum, sogar belgisches Weißbier, wer hätte das gedacht? Den Abend verbringen wir in der Medina, die Altstadt, die von einer Mauer umsäumt direkt vor dem Hotel beginnt. Es ist ein unglaubliches Gemenge und Gelärme.

Vor allem auf dem „Platz der Gehenkten" hören wir eine Kakofonie von Hupen, Trillerpfeifen, Trommlern und Marktschreiern. Vorführungen mit Schlangen, die nach einer Flöte des Schlangenbeschwörers sich aus dem engen Korb winden, sind auch zu bestaunen.

Ich bin gegen solch einen Zirkus, der Tiere dazu zwingt, sich zu Unterhaltungszwecken gegen ihre Art domestizieren zu lassen. Ich gehe auch in keinen Zoo. Außerdem sollte sich herum gesprochen haben, dass Schlangen taub und ihre Bewegungen eine Stressreaktion wegen eines vermuteten Angriffes sind. Schlangen können lediglich Bodenschall wahrnehmen.

Ein Stummfilm mit Charlie Chaplin ist als Public Viewing auf einer Riesenleinwand zu sehen, dazwischen ruft der oder mehrere Muezzin. Sehr, sehr gewöhnungsbedürftig!

Mittwoch, 05.06.2013 Nach Marrakesch - von George

Der Abschied aus dem wirklich guten Hotel „Le Kasbah du Dades Chems" wird dadurch getrübt, dass der freundliche Berber auf einmal 100 DH für jedes Motorrad haben will. Ruedi hatte freundlicherweise, schließlich war alles im Preis drin, 20 DH Trinkgeld angeboten, aber das ist ihm zu wenig, Der Wortwechsel wird immer heftiger, bis wir einfach losfahren. Schade, das hätte hier auch anders enden können.

Der Weg steht fest, es geht über die N10 bis kurz hinter *Ouarzazate*, dann weiter über die N9 und den *Tizi-n-Tichka (Tichka – Pass)* bis *Marrakesch*. Speziell der *Tizi-n-Tichka* mit 2260 Metern wird wohl für die voll bepackte Ducati ein harter Brocken. Die Straße ist durchgehend gut asphaltiert und es geht unter den schwierigen Umständen gut voran.

Die Gegend ist mal wieder großartig. Grau-gelb-braune Berge, im Süden die Djebel Sarho im Norden der Hohe Atlas, rahmen die Straße ein, oft mit grünem oder bunten Bewuchs verziert und recht viele kleine Dörfer runden das Bild ab. Da die **N9** hier den westlichen Teil der „Route des Kasbahs" darstellt, sehen wir natürlich auch reichliche Kasbahs in allen nur denkbaren Zuständen. Vor *Ouarzazate* geht es am See *„Barrage El Mansour Eddahbi"* vorbei, der wohl als Wasserspeicher für viele Orte hier dient.

Ouarzazate selbst ist eine nette Großstadt, die sicherlich auch von den vielen hier angesiedelten Filmfirmen profitiert. Außerdem sind von hier aus problemlosen Touren in die Wüste möglich, was sie auch für Abenteuer – Touristen interessant macht.

Wir rollen nach einer kurzen Pause weiter. Die Berge werden jetzt schroffer und höher, die Straße zieht sich kurvenreich die Atlasberge rauf und runter. Trotz der Bedeutung der Straße als Verbindung zwischen zwei Metropolen hält sich der Verkehr in Grenzen. Allerdings sind viele der jetzt am Verkehr beteiligten hoch beladene LKWs oder Busse. Die LKWs haben auf der obersten Ladefläche quer noch einiges an Vieh - Esel, Schafe, Rinder – geladen. Ruedi quält sich mit seiner Duc mit langem Anlauf an den dicken Brummern vorbei, Marbie und ich wir folgen dann deutlich lockerer. **Am *Tizi-n-Tichka* wird das Ganze noch schwieriger**, da es jetzt fast nur noch durch enge Kehren geht. Dafür ist der *Tizi-n-Tichka* echt eindrucksvoll. Er braucht sich hinter keinem europäischen Pass zu verstecken. Enge Kehren, schroffe Berge und atemberaubende Aussichten. Im Gegensatz zu den europäischen Pässen gibt es hier keine „Almhütte" auf der Passhöhe, dafür eigentlich in jeder Kehre irgendwelche Verkäufer von Fossilien, Edelsteinen oder Schmuck.

Diese wuseln natürlich auch sofort herbei, sobald man stehen bleibt und eine Fotopause machen will. Trotz aller guten Vorsätze werde ich bei einem schwach und erstehe einige Souvenirs für die Familie zu Hause, wahrscheinlich zu einem etwas überteuerten Preis. Doch was soll's, schön war es schon! Unterhalb des *Tizi-n-Tichka* rasten wir zum Mittagessen in einem recht rustikalen Restaurant. Marbie ist nicht sehr begeistert ob der Atmosphäre, dem Rest gefällt es.

Abb. 27 Einheimischer beim Essen in der Garküche

Dann rollen wir weiter bergab. Die Landschaft ist noch genauso faszinierend wie beim Anstieg. Es geht aber jetzt mühsam Kilometer über Kilometer bis *Marrakesch*. Ruedi führt, wir beide rollen hinterher. Kurz vor *Marrakesch* wechseln wir die Führung, da es mir mit dem intakten Moto doch leichter fällt, in der Metropole Marrakesch zu führen.

Hier könnten wir das Garmin ganz gut gebrauchen, aber das glänzt ja mal wieder mit Totalausfall. Nach kurzem Kartenstudium steht die grobe Richtung fest. Erstaunlicherweise gelingt es, diese durchzuhalten und wir finden das preiswerte und gute Hotel „*Ryad Magador Marrakesch*". Nachdem die Zimmer bezogen sind, fahren Ruedi und ich noch in eine direkt in der Nachbarschaft gelegene „Garage". Ruedi lässt an der Duc einen Ölwechsel durchführen, quasi die „Letzte Ölung der Ducati", und ich versuche die eben erstandene Birne in Marbies BMW einzusetzen.

Der Ölwechsel geht recht schnell von- statten. Ruedi hält die Ducati fest und der Mechaniker liegt auf dem ölgetränkten Lehmboden.

Leider hat Ruedi mit dem Fuß den Behälter (eine abgeschnittene Trinkwasserflasche aus Plastik) für das Altöl umgestoßen und der Inhalt landet dem Mechaniker direkt im Gesicht. Der wischt das Zeug weg und winkt ab.

Kann ja mal vorkommen. Für den Lampenwechsel muss der Reflektor aus der Frontverkleidung ausgebaut werden. Nachdem ich mich daran mehr oder weniger erfolgreich versuche, kommen mir auch die anwesenden Mechaniker zu Hilfe. Jetzt geht es relativ schnell, die verbrannten Stellen am Reflektor werden vom Chefmechaniker vorsichtig ausgebrochen. Danach kann man auch die Birne wieder vernünftig einsetzen. Schön. Für den Ölwechsel und den Lampeneinbau zahlen wir 150 DH! Im Hotelzimmer stelle ich fest, dass ich eine „Not for public road" Birne mit 80/100 Watt gekauft und eingebaut habe. Hoffentlich geht das gut. Ich berichte Marbie kleinlaut – sie kann aber nichts mehr erschüttern.

Nach dieser Aktion gehen wir zum „Platz der Gehenkten". Dieser Name rührt daher, dass die Sultane zur Zeit der *Almohaden* den Platz als Hinrichtungsstätte nutzten und aufgespießte Köpfe hier zu Schau stellten. Am 28. April 2011 starben bei einem Terroranschlag im Café Argana mindestens 14 Menschen und 20 Weitere wurden verletzt, darunter auch Touristen. Die Explosion, direkt an dem auch von Touristen besuchten und sehr belebten Marktplatz Djemaa el Fna gelegen, wurde laut den Ermittlungen durch eine Fernzündung ausgelöst. Somit handelte es sich nicht um einen Selbstmordanschlag. Die Explosion zerstörte das Erdgeschoss und zu großen Teilen die Terrasse im Obergeschoss des Gebäudes.
(Quelle: Wikipedia)

Hier geht echt die Post ab. Das ist der absolute Wahnsinn. Verkaufsstände, Gaukler, Musiker, Wunderheiler, Essensstände. Bunt und laut geht es hier zu. Suzanna ist regelrecht gefesselt, Marbie reichlich irritiert, Ruedi und ich sehen dem etwas gelassener entgegen. Aber egal wie man zu dem Treiben steht, das muss man mal gesehen haben. Das sieht wohl auch die UNESCO so, deshalb hat sie den „Djamaa el- Fna" in die Liste der „Meisterwerke des mündlichen und immateriellen Erbes der Menschheit" aufgenommen.

Da jetzt abends ein kühler und teilweise starker Wind weht, bleiben wir nicht allzu lange und beschließen den doch sehr interessanten Tag.

Donnerstag, 06.06.2013 Medina in Marrakesch - von Marbie.

Der heutige Tag wird zur Medina Besichtigung genutzt, George hat gestern in der Werkstatt einen Führer gefunden, mit dem wir uns um 10:00 Uhr treffen wollen. „Medina" ist die Bezeichnung für die Altstadt arabischer, meist nordafrikanischer Städte. Die Nacht war bei ausgeschalteter Klimaanlage ziemlich warm, morgens ist es bedeckt und ca. 25 Grad. Sehr angenehm für eine Stadtbesichtigung!

Unser Guide führt uns durch die kleinen verwinkelten Gassen, er spricht nur das Nötigste und wenn, in Englisch. Ich frage nach seinem Honorar und wie lange es wohl dauern wird. Er winkt nur ab, etwa 4 Stunden kann ich verstehen. Bewundernswert, wie die Mofas durch die engen Gassen zirkeln. Dass uns das drei Tage später in Meknes auch so ergehen soll, weiß ich zu diesem Zeitpunkt zum Glück noch nicht.

Abb. 28 Markt mit bunten Gewürzen

Die Gassen bestehen sowohl aus reinen Wohnhäusern als auch aus Märkten wie Werkstätten für Holzbearbeitung und Schweißarbeiten.

Es sieht alles sehr nach Handarbeit aus, Schwerstarbeit mit für uns primitiven Hilfsmitteln. **Besonders eindrucksvoll der Fischverkauf:** In offenen Holzkisten ohne Kühlung mit Eis oder Kühlgeräten wartet der Händler auf Kundschaft. Der Gestank ist unbeschreiblich. Hier würde ich zum Vegetarier, niemals käme ich auf die Idee, diesen Fisch zu verzehren. Die noch sehr jugendlich wirkenden Verkäufer lassen sich stolz von mir fotografieren. Mir fällt Asterix und Obelix ein: „Mein Fisch stinkt nicht. Der kommt frisch auf dem Ochsenkarren aus Lutetia".

Wir kaufen dann auch sowohl in einem Laden einer einheimischen (Berber) Kooperative und lassen uns einen Teppich andrehen wie auch in einer 'Gewürz und Parfüm Apotheke' einige Mitbringsel. Als Zugabe gibt es Pfefferminztee für uns. Als ich auf einen Tee *ohne* Zucker bestehe, scheint der Verkäufer doch etwas zu zögern. Er wirkt in seinem Outfit wie Ali Baba ohne einen einzigen Räuber.

Georg kauft die letzten Geschenke für seine Enkel und ein Paar Ohrringe, die wir uns teilen. Trotz unseres Feilschens wahrscheinlich zu teuer, aber wir sind trotzdem zufrieden. Besonders die Apothekenverkäuferin versteht ihr Geschäft: Sie kann Deutsch, und nicht nur das, sie hat auch die passenden Sprüche parat. Sie bietet eine marokkanische Wurzel an, die sowohl als Ginseng als auch als

Aphrodisiakum verwendet werden kann: „Kochend Wasser, ziehen lassen, trinken und Ramba Zamba die ganze Nacht!"

Ich kaufe Sandelholz, welches im Nachhinein doch sehr nach Amber riecht, Gewürz mit allem drin, für die, die nicht kochen können, Arganienöl für die Salatzubereitung und etwas gegen Motten, das Jahre hält.

Kein Wunder, bei dem Geruch. Sie hat eine Assistentin, die ihr bei den zahlreichen Geruchsproben behilflich ist. Georgs Nase ist in Punkto Riechvermögen schon lange ausgestiegen. Zum Beispiel zerreibt sie Kreuzkümmel in einem Leinentüchlein und hält es mir an die Nase: „Tief einatmen!"

Donnerwetter, der Kümmel riecht ganz schön scharf und lässt mir die Augen tränen. Ich kaufe aber dennoch keinen. Das Arganöl ist schwierig zu gewinnen: Der Arganbaum ist äußerst stachelig. Es soll angeblich einen hohen kosmetischen und ernährungs- physiologischen Wert besitzen.

Das Ganze kostet 80 Euro umgerechnet und ich kann mit Master Card zahlen, übrigens das erste Mal, seitdem wir in Marokko sind! Ansonsten ist nur Barzahlung angesagt, auch beim Tanken! Zum Schluss schenkt mir sie mir noch einen giftgrünen Zauberlippenstift, der Hennaanteile besitzt und sich beim Auftragen rot verfärbt.

Das Zeug geht selbst beim Zähneputzen nicht ab! Und der sehr direkte Hinweis, ihr Trinkgeld in bar nicht zu vergessen.

Als Tipp kann ich nur geben: Sagen Sie nachdrücklich, ‚ich möchte diesen Teppich nicht kaufen'!! Anschließend essen wir noch in einem guten Restaurant mit Bierausschank, bevor wir zurück zum Hotel gehen. Im Anschluss noch die Preisverhandlungen mit unserem Stadtführer, wie immer mit einem kleinen Beigeschmack. Wir sollten beim nächsten Mal wirklich den Preis vorher festmachen oder es sonst bleiben lassen. Es ist zwar nicht so, dass er zu teuer war, aber diese ständigen Nachverhandlungen nerven einfach.

Donnerstag, 06.06.2013 Medina in Marrakesch - von George.

Heute geht es etwas später zum Frühstück. Marbie und ich haben uns für 10:00 Uhr mit unserem Stadtführer verabredet, Suzanna und Ruedi wollen auf eigene Faust losziehen. Es ist zunächst bewölkt bei angenehmen Temperaturen. Es geht vom Hotel am Busbahnhof vorbei in die Medina (Altstadt). Unmittelbar nach Eintritt in die Medina sind wir drin in einem Gewusel aus Menschen, Eseln, Fahrrädern, Mopeds, Handkarren, Verkäufern, Handwerkern, Hausfrauen, Bettlern, und was weiß ich sonst noch was.

Enge Gassen, Lehmhäuser, Riads, Läden, helle Plätze, dunkle Durchgänge, es dauert nicht lange und wir haben den Überblick über das woher und wohin verloren. Dafür sind wir fasziniert von dem scheinbaren Durcheinander, von der trotz der umher hastenden Massen Gelassenheit aller Beteiligten. Eselskarren blockieren die Straßen, Mopeds huschen wild zwischen alle vorhandenen oder scheinbar vorhandenen Lücken, Menschen palavern mitten in den engen Gassen und keinen stört es.

Zwar wird überall gehupt oder geschrien, aber nicht bösartig oder aggressiv, sondern es gehört einfach dazu. Wir sind froh, dass wir mit Guide unterwegs sind, da wir so einige Ecken und Gassen sehen, die wir alleine nicht gefunden hätten. Dafür müssen wir natürlich auch die unvermeidbaren Verkaufsaktivitäten über uns ergehen lassen. Wir kaufen dann auch sowohl in einem Laden einer einheimischen Kooperative wie auch in einer 'Apotheke' einige Mitbringsel.

Trotz Feilschens wahrscheinlich viel zu teuer, aber wir sind trotzdem damit zufrieden. Anschließend essen wir noch in einem guten Restaurant, dann geht es zurück zum Hotel. Danach noch die Preisverhandlungen mit unserem Stadtführer, wie immer mit einem kleinen Beigeschmack. Wir sollten beim nächsten Mal wirklich den Preis vorher festmachen ....

Abends geht es dann noch einmal mit Suzanna und Ruedi zum Djamaa el- Fna. Bevor wir uns in das Getümmel stürzen, genehmigen wir uns noch etliche Bier in der Bar des „Grand Hotel" das ganz in der Nähe liegt.

Dann schauen wir uns noch ein wenig das bereits gestern bestaunte Treiben an. Suzanna und Ruedi schließen den Abend mit einem kleinen Imbiss ab, Marbie und ich haben für heute genug, wir gehen ins Hotel.

Freitag, 07.06.2013 Zur Atlantikküste - von George

Bei der Abfahrt ist es nicht mehr so heiß wie die letzten Tage. Wir finden gut aus Marrakesch heraus und gelangen trotz der schwächelnden Duc recht schnell auf die Autobahn Richtung Casablanca. Das Tempo pendelt sich so bei gut 85 km/h ein, die Zahlstellen sind übersichtlich und alle besetzt, so dass wir dort auch keine Schwierigkeiten haben. Es wird nicht wirklich wärmer, der Fahrtwind ist richtiggehend kalt. Irgendwo zwischendurch treffen wir unser schon bekanntes Schweizer Pärchen wieder, machen mit ihnen gemeinsam Pause an einer Raststätte.

Es wird ein nettes Gespräch und wir stellen schnell fest, dass wir heute Abend alle Chancen haben uns noch einmal zu sehen, da wir das gleiche Ziel anpeilen.

Die Gegend hat sich deutlich gewandelt. Wir fahren durch sanft gewellte Hügel in einer fast unvorstellbaren Weite. Das triste grau-braun wird jetzt immer mehr von grünen oder gelben Feldern unterbrochen. Je weiter wir nach Norden kommen, je grüner wird das Bild. Auch hier ziehen immer wieder Hirten mit ihren Herden durch die Landschaft. Allerdings sind die Herden jetzt deutlich größer. Es sind Bilder, die wir sonst nur aus Wild-West-Filmen kennen. Wir haben so etwa 140 Kilometer hinter uns, da wird die Lücke zwischen Ruedi und uns auf einmal sehr groß. Die Duc rennt, für uns völlig überraschend, wieder los.

Kurz darauf hält Ruedi an. Ich befürchte weitere schlechte Nachrichten, doch Ruedi berichtet freudestrahlend, dass seine Multi wieder auf beiden Zylindern läuft. Für uns zunächst fast unmöglich. Nach längerer Diskussion kommen wir zu dem Schluss, dass es doch kein mechanischer Schaden an der Ventilführung war, sondern vermutlich ein elektrischer Defekt (Wackelkontakt an der CDI, Zündspule, etc.).

Hoffentlich lässt der „Elektrolurch" uns jetzt bis zur Ankunft in Selzach in Ruhe. Auf jeden Fall geht es jetzt deutlich schneller und auch mental ausgewogener weiter. Über *Rabat* fahren wir bis *Kenitra* und von dort weiter bis zum „*Mehdiya Plage*", wo wir ein schönes und preiswertes Hotel finden. Abpacken und ab an den Strand. Ich hüpfe noch mal eben in den gar nicht so kalten Atlantik und lasse mich von den kräftigen Wellen etwas Hin und Her schmeißen.

Die Luft ist zwar nicht mehr so warm, abends, nach Sonnenuntergang wird es sogar richtig kühl, aber schön ist es trotzdem. So beschließen wir mal wieder einen ereignisreichen Tag.

Freitag, 07.06.2013 Zur Atlantikküste - von Marbie.

Wer hätte das gedacht? Eine Zylinder-Selbstheilung! Wissen Sie, wie Autobahnfahren mit 85 km/h auf das Gemüt wirkt? Richtig. Wie eine Hypnose, es ist unerträglich geradeaus, langweilig und die Lethargie überfällt mich wie das Grabtuch Christi.

Bomm! Sprotz, sprotz, peng! Plötzlich wach gerüttelt durch einen fürchterlichen Knall, den die Ducati von sich gibt, sehe ich ungläubig, wie Ruedi davon prescht. Und das, nachdem jede Überholung eines LKWs sorgfältiger Planung bedurfte und die beiden so viel Dieselaroma wie noch nie genießen mussten! Ich beeile mich, hinterher zu kommen und endlich geht es wieder voran!

Am nächsten Rastplatz wird die Lage besprochen: Selbstheilung! So ganz kann ich es nicht glauben, aber die Ducati fährt wieder wie gewohnt. Nicht zu fassen!

In *Mehdiya Plage* angekommen, beeindruckt mich der kraftvolle Atlantik. Ganz anders als das Mittelmeer sind die Wellen so viel höher und schneller, dass ich immer dort sitzen bleiben könnte.

Ich versuche für meine zukünftigen Meeresgemälde die Bewegung der Wellen zu studieren und kann mich gar nicht sattsehen. George traut sich tatsächlich ins Wasser, auch ganz schön lange. Unsere Herberge heute ist sehr klein, aber mit sehr verwinkelten Fluren und kleinen Zimmern überaus gemütlich. Hier gibt es kein einziges Lokal mit Bier im Angebot. Gut, dass wir noch die Flasche Wein besitzen und den Tag auf dem kleinen Balkon unserer Unterkunft ausklingen lassen.

    Da die Ducati wieder läuft, werden wir nicht sofort nach Tanger fahren, sondern *Meknes* und *Chefchaouen* besuchen. Eigentlich wollten wir die Fähre umbuchen, aber das können wir ja auch noch am Montag …

Samstag, 08.06.2013 Nach Meknes - von Marbie

Die Sonne scheint wieder, es ist warm, doch nicht mehr ganz so heiß wie im Süden. Für die „Garage" müssen wir noch mal 60 DH extra zahlen – ansonsten war aber alles in Ordnung. Klasse Betten, Sanitäreinrichtung ok und das Essen gestern Abend war gut.

Wir finden allerdings nicht wirklich gut aus Kenitra heraus und durchkreisen 30 km den Ort, bevor wir durch irgendwelche heruntergekommenen, aber eindrucksvollen Vororte Kenitra langsam verlassen. Dafür kommen wir auf Straßen und an Höfen vorbei, die sonst vermutlich kein Tourist anfährt. Überall sind Felder, die von hohen, blühenden Feigenkakteen eingerahmt sind. Wir fragen einen Jugendlichen, der mit dem Fahrrad vorbeikommt, nach dem Weg. Doch der versteht kein französisch – das haben wir hier in Marokko bisher noch gar nicht erlebt.

Das bisschen, was wir zu verstehen glauben, weist uns den Weg und wir kommen fast übergangslos in den Foret de la Maâmora.

Lange Kakteenhecken, lichte Wälder mit Korkeichen, zwischendurch immer mal wieder ein winziges Dorf, ein Gehöft oder Äcker, ein paar Hirten mit ihren Tieren an der Straße. Einfach großartig hier. Irgendwo vor *Tiflet* kommen wir dann auf die N6 Richtung *Meknes*. In *Tiflet* selbst gibt es Mittagessen und einen schönen Markt.

Und, hier scheinen einige Leute zu heiraten. Öfter kommen ein paar Autos laut hupend und mit Papierschmuck behangen durch die Straßen. Mittagspause bei einer Garküche, dieses Mal steht Lammkotelett mit Salat auf der Speisekarte. Über meinem Kopf baumelt ein Hammelrücken, bei dem sie die Hoden noch dran ließen. Diese Küche besitzt sogar eine Kühlung und riecht nicht so verqualmt wie eine Bratwurstbude.

Na bitte, geht doch. Wir fahren weiter nach *Meknes*. Es ist jetzt eine weite, Hügelige, von Ackerbau bestimmte Landschaft. Obstbäume, Getreide und vor allen Dingen Weinreben wachsen rechts und links der Straße. Es stehen überall Verkaufsstände an der Straße. Ob die hier wohl Wein verkaufen?

Immerhin ist das Gebiet um *Meknes* herum Marokkos größtes und bekanntestes Weinanbaugebiet. In *Meknes* selbst verlieren wir uns erst mal. Ruedi biegt irgendwo ab und ich bekomme es nicht mit. Georg fängt mich wieder ein und danach sind Ruedi und Suzanna verschwunden. Doch irgendwann finden wir uns alle am großen Stadttor von *Meknes* wieder ein. Wir suchen ein bestimmtes Riad (Stadthaus), nämlich das *Riad d' Or*. George macht sich mit Susanna auf die Suche, Ruedi schläft im Sitzen unter seinem Helm auf der Maschine. Ich kaufe mir ein Eis und schaue auf das bunte Treiben vor dem Stadttor.

Da wir nicht wirklich weiterkommen, fragen wir einen Taxifahrer, und als wir uns gerade mit ihm unterhalten, kommt ein Polizist in Zivil vorbei und fragt, ob wir Probleme haben. Ich dachte schon, der wollte uns mit den Motos vom Platz verweisen, aber nein. Er zeigt uns nicht nur den Weg, sondern begleitet uns noch bis dorthin! Die Gassen sind so eng, dass ich befürchte, mit der BMW und der dicken Packrolle nicht durchzupassen. Ein paar Mal muss ich ganz schön rangieren, um die Ecken zu umrunden. Wirklich klasse! Das Riad ist spitze und mit 500 DH pro großem Zimmer recht günstig. Wir quartieren uns ein, bringen die Maschinen auf einen bewachten Parkplatz und freuen uns auf die Stadt.

Vor den Restaurants werden wir von den Kellnern mit dem Hinweis auf ihr spezielles tolles Essen angesprochen und hereingebeten. Ich bin nach einer halben Stunde so müde, dass mir die Lust fehlt, die Stadt an ihrer Mauer zu Fuß zu umrunden. Wir landen in einem Restaurant mit einem tollen Blick auf die Altstadt. Auch das Essen ist perfekt, es gibt sogar Bier.

Im Hotel gibt es sogar WiFi und ich lade den Bericht in meinen Blog hoch. Da noch immer die Frage nach einer Umbuchung der Schiffspassage ansteht, wird die Frage nach einer Vierer- oder zwei Zweierkabinen wortreich erwogen. Wahrscheinlich trug auch der Wein dazu bei.

Ich verspüre das dringende Bedürfnis, zu streiten und mich daneben zu benehmen. „Wollt ihr auch die Farbe des Klopapiers auswählen? Mein Gott, wir nehmen die Kabinen, die frei sind! Da haben wir wahrscheinlich nicht die große Auswahl!"

Wütend packe ich den Laptop ein und gehe zu Bett.

Sonntag, 09.06.2013 Nach Chefchouen - von George.

Der gestrige Abend war dann auch noch schwierig. Marbie bricht leicht zusammen, als es um die Frage geht, wie wir mit der geplanten Umbuchung der Fähre vorgehen. Scheint doch schwierig zu sein, so ein Abenteuerurlaub zu viert.
Morgens ist dann die Welt wieder in Ordnung. Die Sonne scheint, wir werden bei der Abfahrt aus dem Riad noch von einem Ehepaar aus Kolumbien gebührend bewundert. Es entwickelt sich ein kleines, interessantes Gespräch, dann geht es los. Durch die engen Gassen der Soukhs zurück auf die Straße. Den Weg aus Meknes heraus finden wir gut, schließlich ist die Straße Richtung Tanger auch ausgeschildert.

Über die **N 13** rollen wir gemütlich durch eine weite Landschaft. Ähnlich wie gestern bestimmen weite Hügel und Ackerbau das Bild. Diesmal aber weit gehend Getreideanbau mit einigen wenigen Obst- oder Olivenplantagen. Erst bei *Ouezzane* ändert sich das langsam. Es wird steiniger, gebirgiger. Langsam geht es hinauf in die westlichen Ausläufer des Rif-Gebirges. Es ist angenehm warm. Da wir heute eine recht kleine Distanz zurücklegen, wird es eine angenehme Fahrt durch weite, bunte Felder. **Das Getreide ist überwiegend abgeerntet,** das Stroh und Heu schon eingefahren. Bei *Oulad-Allah* geht es noch durch eine, zugegeben, recht kleine, Schlucht dann erreichen wir *Chefchaouen*. Die Stadt schmiegt sich malerisch an die Hänge der umliegenden Berge. Blaue Häuser leuchten hell in der klaren Bergluft. Wir finden relativ schnell ein Hotel (Rif-Hotel) am Rande der Altstadt. Dann mal wieder abpacken, abhängen, Medina.

Sonntag, 09.06.2013 Nach Chefchouen - von Marbie.

Das Frühstück nehmen wir auf der Dachterrasse ein, mit einer super Aussicht auf Meknes. Die Terrasse ist bunt bepflanzt, auf engen Treppenwindungen geht es nach oben. Hier kann man sich schnell in ein anderes Haus verlaufen! Ich schäme mich für meinen Auftritt von gestern Abend und bitte die beiden um Entschuldigung.
„Ist doch gut, wenn es mal raus kommt", sagt Susanna.
„Angenommen", sagt Ruedi.
Damit kann es wieder in den neuen Tag gehen. Zukünftig sage ich früher, wenn mich etwas nervt, dann bedarf es nicht eines solchen Ausbruchs. Eine Schildkröte liegt dösend vor einer Treppe, ich kann sie durch Anstupsen zur Bewegung animieren.

Wenn uns jetzt nicht die Zeit davon laufen würde, wir blieben noch einen Tag, so gut gefällt uns die Stadt. **Mit Publikum beim Aufpacken in der engen Gasse vor dem Eingang des Riad** starten wir Richtung *Chefchouen*. Die Ducati macht keinerlei Probleme mehr. Das Wetter ist sonnig bei super 25 Grad Motorradwettertemperaturen. Aus der Stadt finden wir zum Glück schnell hinaus. Die Landschaft zeigt sich in blühendem Grün, besonderes Interesse erregt ein Anisfeld mit seinen riesigen gelben Doldenblüten.

So interessant auch die Wüstenlandschaft war, das Grün mit den blühenden Wildkräutern gefällt mir besser, nicht nur wegen der Temperaturen. So gelangen wir zurück ins Rifgebirge, bei *Chefchouen* beginnt der Hauptkamm dieses Gebirges. Die Stadt ist sehr wasserreich und wegen der vielen Moscheen als besonders fromm bekannt. Sie liegt einem Schwalbennest ähnlich am Fuße eines Berges, die blau und weiß gestrichenen Häuser geben dem Ganzen ein griechisches Flair. Angeblich soll die Farbe die Mücken fernhalten.

Wir finden gleich ein Hotel, das „Rif". Nach unserem Reiseführer soll es hier auch Bier geben. Ein wenig herrscht hier Renovierungsstau, die Steckdose gibt kaum genügend Energie für das Laden des Kamera Akkus, der Türknopf fällt fast herunter, der Spülkasten, der hoch über dem WC angebracht ist, verliert ständig etwas Wasser.

Ansonsten ist es sauber und die Betten sind okay. Für umgerechnet 24 Euro pro Zimmer mit Frühstück können wir auch nicht viel verlangen. Wir besuchen noch den Markt in der Altstadt, Ruedi kauft auch einen Teppich, und danach machen wir uns auf die Suche nach einer Bar, die auch Bier anbietet. Das ist nicht so einfach, unser Hotel hat jedenfalls keins. Ich kaufe eine Hand voll Datteln bei einem Straßenhändler und frage ihn, ob er ein Lokal mit Alkoholausschank kennt.

Er wehrt entrüstet ab. Das verbiete ihm sein Glauben, sagt er. Endlich haben wir eine brauchbare Auskunft: Das einzige Hotel, das dieses anbietet, liegt oben auf dem Berg der Altstadt. Nun, da waren wir schon mal und trauten uns nicht hinein, weil unsere Kleidung unpassend erschien.

Also laufen wir nach vielem Fragen nochmals den Berg hinauf zum Hotel Marador. Vorsichtshalber fragen wir an der Rezeption, ob es hier Bier zu trinken gibt.

 Der Portier zählt uns alle Spirituosen auf, die im Repertoire dieser Bar enthalten sind. Wir müssen alle herzlich lachen, zum Glück hat sich der erneute Anstieg gelohnt.

Zu jedem Bier gibt es etwas zu knabbern oder Oliven oder Würstchen oder Salat Nicoise. Das ist echt sättigend und spart das Abendessen.

Der Barkeeper ist unermüdlich mit Einschenken und Bereitstellen der Snacks beschäftigt. Die Bar füllt sich zusehends. Also sind hier doch nicht alles gläubige Muslime in der Stadt.

Sonntag, 09.06.2013 Nach Chefchouen - von George.

Die Stadt Chefchouen ist wirklich schön. Es geht durch enge Gassen immer bergauf oder bergan, die blaugetünchten Häuser glänzen in der Sonne. Dazu war noch Markt und ein Stadtfest, überall festlich gekleidete Marokkaner und fröhliche Gesichter, schöner kann Urlaub nicht sein. Abends genehmigen wir uns noch einige Biere in der Bar des besten Hotels der Stadt.

Hier sind dann auch einige Muslime, die es mit dem Alkoholverbot nicht so genau nehmen.

Einer hat so einen sitzen, ist laut und aufdringlich, er kann Beatles Songs fast perfekt singen und irgendwie kann man ihm nicht richtig böse sein.

Montag, 10.06.2013 Nach Tanger - von George.

Bei Sonnenschein und blauem Himmel geht es dann wieder los. Ich fahre voraus, bereits beim ersten Kreisverkehr in der Stadt habe ich die anderen verloren. Also noch mal zurück Richtung Hotel, dort ist aber auch niemand. Dann eben raus aus der Stadt und siehe da, am Stadtausgang stehen eine gelbe BMW und eine schwarze Duc – na bitte, geht doch.

Die richtige Straße, hinauf in die Ausläufer des Rifgebirges finden wir zwar nicht auf Anhieb, aber doch eigentlich mühelos. Allerdings übersieht Marbie irgendwo beim Losfahren einen Pkw, fast wäre es zum Zusammenstoß gekommen, doch der PKW-Fahrer hat gut reagiert. Es geht über *Draa-el-Asef* und *Tatoufet* weiter nach *Ksar-el-Kebir*.

Das Rifgebirge faltet sich regelrecht zu Höhen und Tiefen, die Straße folgt den Bergzügen. Wo möglich, wird Getreide angebaut. Die Bauern schneiden auf den oft steilen Hängen die Ernte wieder überwiegend mit der Handsichel. Oft winkt man uns zu. Dazu, wie sollte es auch anders sein, überall Hirten mit ihren Ziegen- oder Kühen. Der Asphalt ist oft rissig, von vielen teilweise sehr tiefen Löchern durchzogen, in den Kurven oft Sand und Dreck. Das macht das Fahren etwas schwieriger.

Dann verschwindet der Ackerbau und geht langsam in einen lichten Wald (überwiegend Nadelbäume und

Korkeichen) über. Bei *T'fer* taucht malerisch der „Barrage Qued el Makhazine" unter uns auf. Bald darauf erreichen wir *Ksar-el-Kebir*. Auch in dieser lebhaften Kleinstadt herrscht wieder Markt.

Der ist aber übersichtlich, so dass wir kurz darauf die N1 Richtung Tanger erreichen. In *Larache* machen wir Mittagspause, dann geht es weiter Richtung *Tetouan*. Jetzt zieht sich die Straße breit, gut ausgebaut in langen Kurven durch eine richtige „Kornkammer", bevor wir wieder in die jetzt nicht mehr ganz so hohen Berge kommen. Nach etwa 55 km biegen wir ab auf die vierspurig ausgebaute **N2 nach Tanger**, die wir nach wenigen Kilometern aber wieder verlassen. Auf kleinen Nebenstraßen geht es jetzt Richtung *„Ksar-es Seghir"*. Leider hat die Straße viele Abzweigungen aber recht wenige Hinweisschilder. So irren wir stellenweise etwas hilflos durch die Gegend, kommen durch richtig kleine, verkommene Orte. Irgendwo endet eine der vielen Straßen im Nichts.

Ein Erdrutsch hat hier wohl die Straße unterbrochen und es hält keiner für nötig, diese in dieser verlassenen Gegend wieder herzurichten. Als ich schon langsam nicht mehr glaube, den Weg nach *Ksar-es Seghir* zu finden, taucht endlich ein Wegweiser auf. Natürlich ist dann diese Straße auch noch gesperrt, so dass wir einen weiteren Umweg fahren müssen.

Irgendwann ist aber der Ort erreicht, dann noch ein paar Kilometer Autobahn und wir sind am Hafen *„Tanger Mediterranee"*. Der Versuch, die Fährtickets noch für eine heutige Überfahrt umzutauschen, misslingt, der Umtausch soll über 5600 DH kosten, weil es sich um eine Online Buchung handelte.

Das ist uns deutlich zu viel, wir rollen zurück nach *Ksar-es Seghir*, wo wir im selben Hotel übernachten wie bei der Ankunft: „Welcome! We have it all!"

Montag, 10.06.2013 Nach Tanger - von Marbie.

Nun geht es Richtung Tanger, um 18:00 Uhr wollen wir am Fährschalter sein. Der Hafen von Tanger liegt weit außerhalb der Stadt, ca. 45 km östlich. Wir beschließen noch eine Tour über Nebenstraßen, da wir alle Zeit bis abends haben. Von *Chefchaouen* sind es ca. 120 km bis Tanger. Irgendwann verfährt sich George. Es geht plötzlich ziemlich bergan auf einer löcherigen Asphaltpiste, bis die Straße aufgrund eines Erdrutsches abrupt endet. Unglaublich!

Das Ziel so nah, jetzt die ganze Strecke wieder zurück. Die Wohnsiedlungen sind unglaublich schmutzig, überall liegt Müll herum, vor den Häusern, auf der Straße, in allen Ecken. Plastikmüll, soweit das Auge sehen kann. Das ist kein schöner Anblick, aber es scheint keinen wirklich zu stören. Schließlich gelangen wir auf das Auto- bahnstück, das zum Port Tanger führt.

Ich bin so müde, dass ich Georg zweimal aus den Augen verliere und bei diesen mir nicht erschließenden Vorfahrts- regeln der Kreisverkehre fast einen Unfall baue, weil ich einem Auto die Vorfahrt nehme. Mit weichen Knien und Herzklopfen drehe ich um und da kommt Georg mir auch schon entgegen.

Das nächste Mal passiert es am Hafen, ich weiß überhaupt nicht mehr, wo wir hin wollen. Der Schalter storniert keine Internetbuchungen, wir sollen zu einem anderen Schalter. Bei diesem kostet das ganze Unterfangen knapp über 500 Euro, wenn wir umbuchen.

Nach kurzer Diskussion beschließen wir, dass das zu teuer ist. So viel geben wir mit Übernachtung und Essen nicht mehr aus!

Also fahren wir wieder zu unserem bekannten Wirt von der ersten Übernachtung vor zwei Wochen. Das Zimmer ist auch das gleiche, sogar die Flasche Wein, die wir hier getrunken hatten, steht noch hinter der Tür! Wir dürfen die Maschinen nach Schluss des **Restaurants** wieder im Lokal parken. Bei uns in Deutschland undenkbar.

Dienstag, 11.06.2013. Strandtag in Ksar-es Seghir - von Marbie.

Das Hotel hat kein Wasser, weil irgendein Problem die Hauptleitung des Ortes stört. Waschen ist also nicht möglich, noch problematischer ist die WC-Benutzung, da weiß man erst mal den Wert von Brauchwasser zu schätzen. Ruedi holt Wasser aus dem Meer in unserem Mülleimer, so können wir händisch den Ausscheidungen abhelfen.

Heute fahren Georg und ich nicht mit den Motorrädern, sondern wir schauen uns den Ort zu Fuß an, sehen den Fischern bei der Vorbereitung ihrer Netze zu und zählen die Steine am Strand. Wir trinken Kaffee in einem Restaurant mit Meerblick und genießen die Ruhe und unser Alleinsein ohne streitige Diskussionen. Nachmittags gehen wir schwimmen und bauen unsere Luftschlösser aus Sand. Diese halten allerdings nicht so lange. Georg hat ziemlichen Sonnenbrand.

Am späten Nachmittag kehren Ruedi und Susanna aus Tanger zurück und haben tatsächlich einen Supermarkt gefunden, der Wein verkauft. Die beiden Flaschen trinken wir beim Sonnenuntergang auf unserem Balkon. Und das Wasser funktioniert auch wieder. Endlich können wir duschen.

Mittwoch, 12.06.2013 Cap Spartel – von George.

Heute ist definitiv der letzte Tag in Marokko. Wie üblich, brennt die Sonne heiß vom Himmel. Für mich mit dem schmerzenden Sonnenbrand natürlich etwas störend – trotzdem schön! Wir verabschieden uns herzlich – Ruedi und ich mit „Bruderkuss" von unserem 72-jährigen Hotel- und Restaurantbesitzer.

Das war wirklich eine herzliche Aufnahme in diesem kleinen Hotel. Dann rollen unsere drei Motos Richtung Süd-West. Es geht an der herrlichen Küste entlang, zunächst durch Tanger, dann weiter. Wir wollen zum Cap Spartel, dem nordwestlichsten Punkt Afrikas. Wie so oft finden wir den Einstieg in die richtige Straße in Tanger nicht. Also zuerst einmal auf die **N1 Richtung *Asilah*.** So zwanzig dreißig Kilometer hinter Tanger finden eine schöne, schattige Stelle am Strand. Den hat auch das Militär ausgemacht und hier einen kleinen „Stützpunkt" oder vielleicht auch nur ein Lager eingerichtet. Doch wir stören uns gegenseitig nicht. Marbie und ich bleiben im Halbschatten, Susanna und Ruedi genießen den sonnigen Strand.

Zum Abschluss noch Muscheln sammeln, dann geht es weiter. Da Marbie mit Ihrer BMW einen Kreis fährt und dabei im Militärlager landet, öffnen die Soldaten sogar das „Eingangstor", damit Rehlein auch diesen idyllischen Platz wieder verlassen kann.

Ich versuche noch die Straße zum *Cap Spartel* zu finden. Dabei durchrollen wir ein noch im Aufbau befindliches sehr großes Baugebiet. Hier entsteht Wohnblock an Wohnblock, wer aber diese vielen Wohnungen nachher auch beziehen soll, ist uns nicht klar. Meine Hoffnung, hier auch auf die kleine Küstenstraße zum *Cap Spartel* zu stoßen, erfüllt sich auch nach der Durchfahrt aller Straßen nicht. So geht es noch einmal zurück nach *Tanger*.

Hinter dem Flughafen finden wir dann doch noch die Straße zum *Cap Spartel*.

Am Cap machen wir noch einmal eine ausgedehnte Mittagspause. Die Aussicht hier am nordwestlichsten Punkt von Marokko ist beeindruckend. Dann ein letztes Mal auf die Motos und ab zum Hafen.

Der Check In klappt gut, wir stehen recht günstig und kommen relativ zügig in die Fähre. Um die zwischenmenschlichen Belastungen etwas zu reduzieren, buchen wir jetzt um und beziehen paarweise jeweils eine Kabine. Noch ein „Gute-Nacht-Bier" und ab in die Koje.

Mittwoch, 12.06.2013 Cap Spartel – von Marbie.

Heute abend um 23:00 Uhr geht unsere Fähre Richtung Barcelona. Es ist unser letzter Tag in diesem herrlichen Land mit den freundlichen Menschen und ich verspüre ziemlich Wehmut. Wir fahren in Richtung Tanger an der Küste entlang und essen am Cap Spartel zu Mittag. Es ist der nordwestlichste Punkt von Marokko und wir genießen eine tolle Aussicht auf das Meer bei sehr angenehmen Temperaturen von 25 Grad.

Die Abfertigung beim Zoll geht sehr viel schneller als bei der Einreise. Eine Hundestaffel läuft mit den ihren Führern entlang der Fahrzeuge, wahrscheinlich schnüffelnd nach Rauschgift. Wir sind bereits um 19:00 Uhr an der Fähre und warten, dass wir auf das Schiff fahren können. Um 20:30 Uhr ist es endlich soweit. Beim Auffahren fotografiert ein Mann alle Fahrzeuge. Die Bilder von uns können wir anschließend auf der Fähre betrachten, wer möchte, kann sich mittels Bildbearbeitung mit dem Hintergrund von „Vogue" oder „Adventure" aufpeppen lassen. Susanna kann eine Zweierkabine buchen, da die Hinfahrt schon ein bisschen beengt war.

Nach einem Bier sinken wir todmüde in die Betten und schlafen bis 10:00 Uhr, da wir ohnehin jetzt zwei Tage Zeit haben. Im Moment denken wir noch, dass wir um 2:00 Uhr in der Nacht in Barcelona eintreffen.

Donnerstag, 13.06.2013 Langer Tag an Deck – von Marbie.

Der Tag auf der Fähre ist echt lang und ich schaffe es, mein Buch von Aitmatov zu Ende zu lesen. Ich lege mich um 17:00 Uhr in die Koje, um etwas vorzuschlafen, weil wir ja eine Nachtfahrt vor uns haben. Susanna klopft um 20:00 Uhr an unsere Kabine und übermittelt die beruhigende Nachricht, dass wir in Barcelona um 7:30 Uhr ankommen. Das ist wirklich eine tolle Information, ganz umsonst so viel geschlafen. Ich bin wirklich erleichtert, dass wir keine Nachtfahrt vor uns haben.

So gehen wir etwas später zu Bett und stehen um 5:30 Uhr auf, um noch ein kleines Frühstück vor der Ankunft am Hafen zu bekommen.

Freitag, 14.06.2013 Rückfahrt nach Selzach – von George.

Dann ist es auch schon so weit. Wir laufen in Barcelona ein, kommen auch gut wieder aus der Fähre und dem Hafen, praktisch ohne richtige Passkontrolle. Den Weg aus Barcelona finden wir relativ gut. Es sind allerdings einige Motorradfahrer unterwegs. An einer Mautstelle erfahren wir den Grund dafür: Dieses Wochenende findet der GP von Barcelona statt.

Doch wir wollen ja nicht auf die Rennstrecke, sondern lieber zügig nachhause. Trotzdem planen wir einen kleinen Umweg über die, überwiegend mautfreie, **Autobahn A75** über die höchste Autobahnbrücke der Welt, das **Viadukt von Millau.**

Doch bevor wir diese erreichen, bekomme ich noch mal etwas Stress an der letzten Mautstelle auf der A9. Der Automat will mir
1. zu viel abknöpfen und akzeptiert dabei 2. meine Kreditkarte nicht. Sind schon verrückt, diese „Automatenmenschen", zuerst wollen sie einen betrügen, dann akzeptieren sie das Geld nicht! Ich versuche jedenfalls zunächst mal, meine bepackte KTM unter die Schranke durch zuschieben, das gelingt leider nicht. Marbie diskutiert in Französisch derweil mit irgendwelchen Personen über die plärrende Lautsprecheranlage.

Mir wird das alles zu viel, ich wende und quetsche mich dann neben einem Auto einfach so an der Schranke vorbei. Sche... Mautautomaten, verda....!

Dann geht es weiter, wir werden glücklicherweise nicht von irgendwelchen Sheriffs verfolgt. Wir wollen am *Viadukt von Millau* Mittagspause machen. Ruedi fährt, relativ zügig vor, Marbie und ich kommen deutlich gemächlicher hinterher. Als es auf die Raststätte hinter der Brücke zugeht, versuche ich, an Marbie vorbei zu ziehen und die Ausfahrt auf den Rastplatz zu nehmen.

Doch was ist das: Meine KTM will einfach nicht beschleunigen, sondern wird eher immer langsamer. So kommt es, wie es kommen musste. Marbie nimmt die Ausfahrt nicht wahr und fährt weiter, ich, immer langsamer werdend, hinterher. Dann noch einmal die Maut, nur für die Brücke, entrichten und für uns weiter bis zur nächsten Raststätte. Dabei läuft die KTM immer schlechter. Sie wird immer langsamer, zum Schluss rette ich mich mit maximal 100 km/h auf den Rastplatz. Bevor ich richtige Schadensanalyse machen kann, ist Ruedi auch schon da. Wahrscheinlich Spritmangel.

Doch außer Tank ab und Tank wieder dran ist mit unseren Möglichkeiten nicht viel zu machen. Also erst mal weiter, vielleicht reicht es ja bis Selzach in die Schweiz. Es reicht natürlich nicht. Wir kommen zwar noch etliche Kilometer weit, fahren bei Clermont-Ferrand noch auf die **A 89 Richtung Lyon.** Doch nach gut 300 Kilometern ist Schluss. Die KTM läuft jetzt fast gar nicht mehr.

Ruckelnd und hackend rette ich mich mit 5 – 50 km/h bis *Feurs*. Ruedi und ich versuchen noch, die Lambdasonde abzuhängen, doch das bringt auch keine Besserung. Also suchen die drei erst mal ein Hotel, während ich das ganze Geraffel wieder zusammenbaue. Mit dem Hotel, Hôtel Le Comty, machen wir dann einen Glücksgriff. Der Hotelier ist motorradbegeistert, fährt selbst Enduro und kennt gleich in der Nähe auch noch eine gute Werkstatt.

Dazu bietet das Hotel auch noch einen guten Standard. Wir bekommen im angrenzenden Sterne - Restaurant auch noch ein sehr gutes Essen. Vielleicht wird alles doch noch gut.

Am nächsten Morgen, Samstag 15.06.2013 geht es ab in die Werkstatt - von George.

Erste Schadensaufnahme hier: zu wenig Kraftstoff. Na gut, soweit waren wir schon mal. Der Tank, wie vom Mechaniker kurz vermutet, war es dann doch nicht. Na ja, am Ende bleibt die KTM in der Werkstatt stehen, wir packen, soweit es geht unseren Kram zusammen und zwängen uns zu zweit auf die BMW. Der Rest an Gepäck bleibt erst mal im Hotel. Das war wirklich erstklassige Hilfe – Danke!

Jetzt geht es mit zwei Motorrädern bis nach Selzach. Ruedi und ich fahren, Marbie und Susanna bleibt die Rolle als Sozia. Über kleine Straßen fahren wir bei bestem Wetter durch das Loiretal und das Beaujolais in das Jura ein. Über Tarare, *Villefranche-sur-Saone* geht es zunächst bis *Bourg-en Bresse*, wo wir das Jura erreichen. Dann fahren wir etwas größere Nationalstraßen über *Lons-le-Saunier* bis *Pontarlier*. Dann geht es vorbei am *Val de Travers* an den „*Lac de Neuchatel*" und dann auf schnellstem Weg bis zu Ruedi nach Selzach. Dann einige „Abschlussbiere" eingeworfen und, mal wieder viel zu spät, ab ins Bett. **Am nächsten Tag richtet Ruedi seine 31 Jahre alte GPZ 1100 für mich her.** Die hat mittlerweile über 200.000 Kilometer auf der Uhr, läuft aber noch gut und ist Dank der Schweizer Zulassungsmöglichkeiten zusammen mit der Multistrada auf einem Kennzeichen angemeldet.

Fahrwerk und Bremsen sind halt noch „Alte Schule" und auch etwas ausgelutscht, aber sie läuft erstaunlich gut. So geht es mit Ruedi auf seiner neuen KTM 1190 als „Guide" noch mal durch das Jura über Balsthal, die Passwangstraße, *Laufen, Hippoltskirch, Ferrette, Altkirch* bis *Burnhaupt-le-Bas*. **Dort fahren wir auf die A 36 und dann die A 5 bis wir irgendwo hinter Freiburg** Ruedi verabschieden. Wir fahren weiter auf der A 5 bis Langen, es läuft gut. Dann noch ein paar Kilometer Landstraße, wieder auf die AB, diesmal die A 661 bis zum AB-Dreieck Preungesheim und dann auf die B 3 bis zu Hause. Abends gegen 18:00 Uhr erreichen wir rechtschaffen müde unsere Wohnung.

Schlussbemerkungen – von George.

Die KTM steht zwar mittlerweile wieder zu Hause, läuft aber immer noch nicht richtig. Von Feurs aus habe ich es nur etwa 300 km geschafft, bevor sie mit gleichen Symptomen wieder liegen blieb. Bei Motorrad Pfefferle in Münstertal ist das komplette Kraftstoffsystem gereinigt worden, sie läuft jetzt rund, hat aber noch zu wenig Leistung.

Marokko war ein faszinierendes Land. Weite Landschaften, abwechslungsreich, mit allem, was der Urlauber so braucht: Hohe Gipfel. Flüsse, und Seen, Wüste, interessante Städte und Dörfer und vor allem: interessante, immer freundliche Menschen. Wir gehen davon aus, dass wir wiederkommen! Schließlich haben wir den Südwesten noch nicht gesehen.

Straßen und Infrastruktur sind so gut, dass jeder in dem Land zurechtkommt. Man muss halt im Zweifelsfall die Route nach den persönlichen Ansprüchen planen – aber das ist ja eigentlich immer so. Sicherlich sind der Staub und die Hitze in den südlicheren Gebieten gewöhnungsbedürftig, aber es ist eben auch etwas anderes durch Wüste oder wüstenartige Gegenden zu fahren.

Wir fanden es auf jeden Fall alle vier sehr interessant. Das Fahren zu viert war wegen der doch häufigeren Unstimmigkeiten zwischendurch manchmal anstrengend.

Auch die Routen- und Straßenauswahl ist zu viert deutlich schwieriger als allein.

Freitag, 14.06.2013 Rückfahrt nach Selzach – von Marbie.

Aus Barcelona kommen wir schnell heraus und wir fahren Richtung **Norden** nach Beziers. Die drei wollen die 1000 km nach Selzach in einem Tag fahren, was für mich aber nicht in Frage kommt. Das Wetter ist wieder sehr sonnig und für Motorrad hervorragend geeignet.
Wir planen eine andere Route als auf der Hinfahrt nach *Millau*. Dort soll es die sagenhafte Talbrücke geben. Autobahn ist angesagt – gähn.
An einer Mautstelle gibt es Probleme bei der Durchfahrt von George. Wir haben die Durchfahrt für Checkkarten gewählt, bei allen klappt es, außer bei Georg. Ich laufe zur Schranke und will ihm mit meiner Karte aushelfen. Er ist schon ziemlich geladen, weil die Schranke nicht hochgehen will.
„Der Automat hat meine Karte geschluckt!"
Oh Grundgütiger. Ich drücke die Ruftaste. Leider spricht die Stimme nur französisch. Englisch kann sie nicht, ich wollte ihr nur sagen, sie möchte bitte die Schranke öffnen. (Weil sonst mein George in einem Wutanfall die Schranke sprengt ...)
Wir können irgendwie unser Problem nicht klären, und George und ich versuchen, die KTM *liegend* unter der Schranke durchzuschieben! Es scheitert am rechten Spiegel, die Koffer hat er schon abmontiert. Die Autos in der

Schlange sind resigniert rückwärts zum nächsten Schalter gefahren. Nun will er die Schranke einfach mittels Durchfahren sprengen. Mein George verliert nur selten die Beherrschung, aber wenn, dann wächst kein Gras mehr an dieser Stelle und kein Auge bleibt trocken.

Ich hoffe, dass er das nicht wirklich in die Tat umsetzt und verschwinde besser zu den anderen. Ich sage zu Ruedi: „Er sprengt jetzt die Schranke!"

Beim Zurücksehen erkenne ich, dass er anscheinend dreht und Anlauf nimmt. Grundgütiger! Er wird die KTM zu Schrott fahren und sich selbst verletzen. Die Schranke wirkt sehr solide. Aber zum Glück überlegt er es sich noch anders. Er fährt einfach mit einem anderen Auto gleichzeitig durch und mit heulendem Motor an uns vorbei. Hinterher stellt sich heraus, dass der Automat nicht die Checkkarte behalten hat, sondern das Ticket. Ob die Karte nicht akzeptiert wurde, können wir nicht mehr klären.

Wir erfahren, dass die Kontaktschleifen bei Motorrädern nicht immer korrekt reagieren und die Schranken nicht hochgehen.

Geschafft. Denke ich. Stimmt nicht, plötzlich nimmt die KTM kein Gas mehr an, wir fahren nur noch mit 50 km/h über die Autobahn, und Ruedi und George beschließen, die KTM einer Miniinspektion zu unterziehen. Die Autobahn haben wir inzwischen verlassen und auf dem Zubringer zur Mautstelle bleibt sie ganz stehen.

Mit Warnblinkanlage stehen wir dort wie bestellt und nicht abgeholt. Der Zusatztank wird abgebaut, die

Leitungen überprüft, die Lambdasonde ausgebaut – ohne Ergebnis.

Wir haben auch keine Warnwesten an, die in Frankreich vorgeschrieben sind. Leider sind sie in Deutschland geblieben. Ein Autofahrer hält an und will uns helfen. Er vergisst, den Gang einzulegen und die Handbremse zu ziehen. Der Wagen rollt auf George und die KTM zu, Georg liegt gerade unter der KTM. Ruedi brüllt: „George!!", stemmt sich gegen den Kofferraum und drückt diesen dezent mit zwei Dellen ein. Der Autofahrer ist leichenblass geworden und ich ebenfalls. Es ist ihm sehr peinlich, und helfen kann er leider auch nicht.

Also fahren wir sehr sehr langsam zur Mautstelle und George schiebt die KTM zur Seite. Wir beschließen, ein Hotel zu suchen und danach George abzuholen. Seine Gepäckrolle übernehme ich noch auf meiner BMW. Wir finden nach längerem Suchen ein Hotel in Feurs, der Besitzer fährt auch Motorrad und vermittelt uns eine Werkstatt, die wir am nächsten Tag aufsuchen können.

Das Gepäck können wir bei ihm deponieren. Alles, was nicht benötigt wird – schmutzige Wäsche, warme Bekleidung, unser wertvoller Teppich aus Marrakesch usw. – wird umgepackt.

Samstag, 15.06.2013 Rückreise von Feurs nach Selzach - von Marbie.

Die Werkstatt nimmt die KTM in Empfang und vermutet zuerst Spritmangel! Das kann Susanna mit ihren hervorragenden Sprachkenntnissen sofort ausräumen – das wäre ja an Peinlichkeit nicht mehr zu überbieten! Ich kaufe mir noch eine schicke Sonnenbrille und eine neue Rücklichtbirne, die war inzwischen auch kaputt. So starten wir gegen 11:00 Uhr Richtung Selzach, Schweiz. Auf der eigenen Maschine als Sozia fahren zu müssen, ist eine ganz besondere Erfahrung und ich bin froh, dass es so gut klappt. Es ist so eng, dass ich kaum Luft holen kann. Die BMW schafft alles trotz der doppelten Beladung hervorragend. Nicht zu toppen!

Wir fahren nicht mehr Autobahn, sondern nehmen viele Nebenstraßen mit. Was bin ich dann froh, dass George auf der alten Kawasaki von Ruedi nachhause fahren kann und ich wieder im Solobetrieb unterwegs sein darf!

Unsere Hymne für diese Reise: Grobschnitt, Sahara.

"Take your car, drive to africa. To the big big land, with die viel viel Sand".

Schlussbemerkungen – von Marbie.

Diese Reise wirkte noch lange nach. Mit nur zwei Motorrädern zurück.
Die KTM konnte von Georg am 29.06.2013 wieder abgeholt werden, die Einspritzdüse war verstopft. Wahrscheinlich waren der Staub und die unterschiedlichen Pisten eine Überforderung für die Enduro. Allerdings wurde sie alsbald nach dem Urlaub verkauft, bevor sie zum Groschengrab wurde.
  Konflikte entstehen zwangsläufig in einer Gruppe mit unterschiedlichen Charakteren und deren unterschiedlichen Bedürfnissen und Ansprüchen. Sie waren eine Herausforderung, der wir uns im Interesse der Sache stellen mussten. Urlaub kann plötzlich zu Survivals werden, wenn die Technik der Navigations- Systeme versagt, die Landkarten nur eine grobe Übersicht bieten, die Temperaturen fallen, Krankheit auftritt, Zelt, Wasser, Glühbirnen und Spiegel fehlen.
  Von Vorteil ist, wenn man wenig Ansprüche stellt, Spaß am Improvisieren hat und sich mit Wenigem zufriedengeben kann.
  Pisten fahren ist nicht mein Ding, wenn es sein muss, stelle ich mich dem. Aber diese Herausforderung brauche ich nicht.
  Die Erfahrungen auf dieser Reise möchte ich nicht missen! Noch heute haben meine Kakteen den Sand vom

Erg Chebbi intus. Wenn ich mich auf meine BMW setze, weiß ich, was ich an dieser Maschine habe: Absolut zuverlässig, wenn auch etwas sperrig zu fahren. Sie hatte jedenfalls durchgehalten!

Verschiedene Reisen durch das Leben in meiner Kurzgeschichten Sammlung, erschienen im Self Publishing bei Neobooks. Für Schreckhafte nicht geeignet!

Weitere Reiseberichte von mir finden Sie bei Amazon und Tolino.

Und die Balkansucht begann hier! Länder für Aktivurlauber und ein El Dorado an Kurven.

Bulgarien bietet Bilder voller Gegensätze: Pferdekarren im dichten Stadtverkehr, Rinder, Schafe, Ziegen am Straßenrand, Pirin- und Rilagebirge und die sanften Hügel der Rhodopen im Süden. Bei Amazon.

Eine Sammlung von Kurzgeschichten um die alltäglichen Tragiken beim Motorradfahren, als eBook und als Printausgabe mit 150 Seiten, bei **Amazon.**